心の水 思いやり

—タイでの瞑想修行—

木下逸枝 著

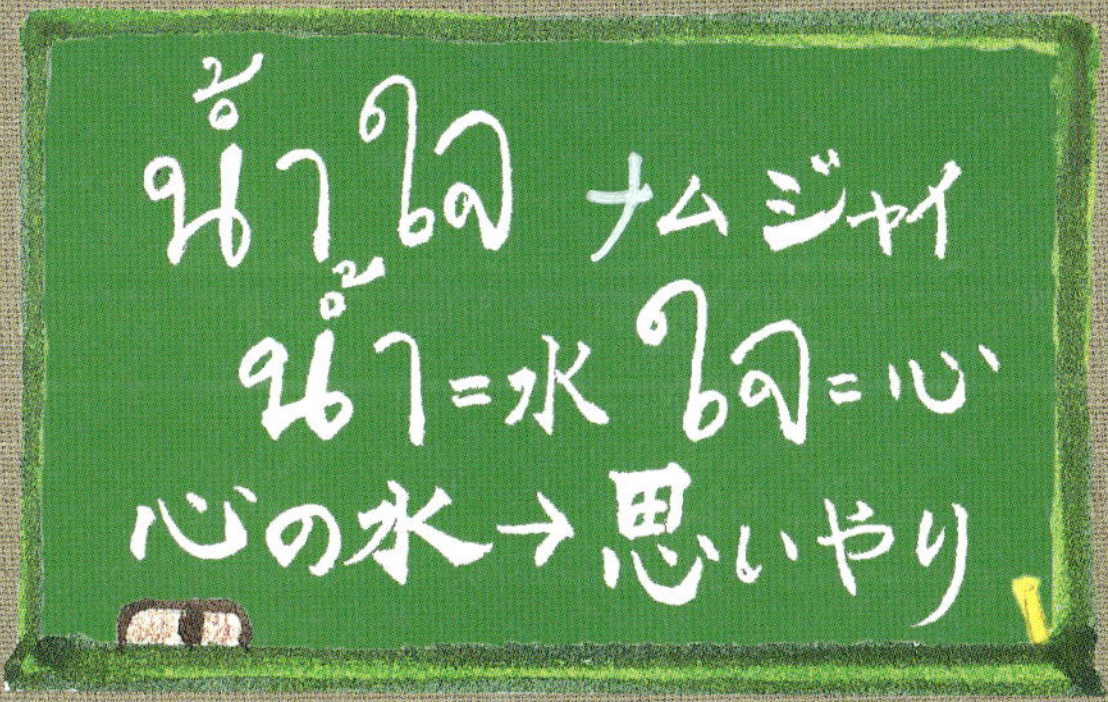

もくじ

まえがき　6

第一章
……初めて出会ったタイ……

タイへの旅　8
バンコクの朝　10
コンケーンへ　12
ワンヤーオ村、そして、ウドンさん宅へ向かう　14
格子の窓　16
村の朝　18
お父さん　20
サマッキー学校を訪問　23
子どもたち　24
先生方　26

記念の植樹　27
チャオプラヤ川　30
……その後、出会った私のタイから……
食卓　34
タイの雲　36
僧侶　38
ホテイアオイ　39
ココナッツ　40
スコータイ　42
チェンマイ　二〇〇一年　44
JEATH戦争博物館　46
それから　48

第二章

瞑想への旅　54
初めての瞑想修行体験　十二月　56

もくじ

一瞬　60
瞑想中浮かんだ言葉　61
いのち　62
二〇一〇年　二〇一一年は　東京で　66
NHKテレビ
　100分de名著　真理のことば　始まる　70
二〇一二年　十月　瞑想修行始まる　72
私が消えた？　78
二〇一三年　八月　91
森の中の散歩　93
鳥の巣　キムネコウヨウジャク　94
非日常の世界(1)　96
非日常の世界(2)　97
二〇一四年　十一月　98
不思議な映像　104

二〇一五年　六月　109
礼儀正しい生きものたち　110
ついに見た　触った　トッケー　111
風鐸(1)　112
風の競演(2)　112
ありがとう、ガードマン　113
第三章
森との出会い　114
森とサンガ（僧集団）に守られて育つ僧院　116
托鉢─僧侶と在家の共有する世界─　120
これから　124
あとがき　126

裏表紙・本文中の絵　木下逸枝
デザイン使用の布柄は、すべてタイ生産

まえがき

今からちょうど二十年前の一九九五年の夏、初めて私はタイへ行きました。五十才を過ぎ、仕事も多忙な時でした。だからこそ、タイ旅行の全てが珍しくわくわくする楽しいものになったのでしょう。

異文化に触れ、からだ中の器官が息を吹き返したような不思議な感覚でもう一人の私が誕生したかのような気さえしていました。

どんな出会いが待っていたのでしょうか。「木下さんといえば?」「えっ何?」「それは、タイでしょう。」と職場の人に言われる位〝タイ好き人間〟になってしまっていたのです。

この書では、第一章で、私が出会ったタイについての絵や写真を文章や詩に交えて、その時々の印象を驚きやつぶやきをもとにまとめてみました。第二章では、今一番心を動かし離れることのない〝瞑想〟についてまとめています。

全く関心のなかった瞑想がタイの旅の中で芽ばえていたのです。

チェンマイにあるタモ寺院という森の中で、正式に、年に七日から十日間ほどの瞑想修行を始めた六年間のことです。

二〇一四年十一月の瞑想修行中、突如として浮かんできたのが、何と二十年前、初めてタイ旅行をした際、ワンヤーオ村にあるサマッキー学校の子どもたちの質問でした。

「なぜ、日本人は、同じ日本人を殺すのですか。」

私は、びっくりしました。想像もしていなかった質問だったからです。二十年前といえば、ちょうど地下鉄サリン事件があった年です。

このショッキングな問いに、私は、答えることができませんでした。この時の質問が心の奥深く沈み込んで生き続けていたのでしょう。瞑想の中で、この問いがふいに甦ってきました。瞑想って不思議だと思います。二十年間の旅路を経て、子どもたちの素朴な問いに再会するのですから。

この瞑想修行の実践を通して感じたこと、考えを深めたことなど自己変革の過程をまとめてみました。

第三章は、瞑想修行と深く関わりのあった森について感じたことや、托鉢に同行して垣間見た僧侶と村人との繋りについて触れてみました。

私は、東京での瞑想修行をどのように深めていくのか、これからも模索を続けてみたいと考えています。

……初めて出会ったタイ……

タイへの旅

初めてのタイ旅行。メンバーは、タイ語の先生とタイ人の通訳さん二人を含む六人。一九九五年八月二十二日成田からバンコクへ向けて出発。

バンコクでの最初の夜は、赤青黄と豆電球で飾られた屋台の店。私達は電飾の店と名付けた。アルミのテーブルが並び、野菜や魚、蟹等が無造作に並べてある。知っている料理は、トム・ヤム・クン、バミーナーム、カオパット位。私達はトム・ヤム・クン、雑炊、空心菜の炒め物、タイ風焼きそばなど注文。私はトム・ヤム・クンの鍋の形に魅せられてしまう。

ぐつぐつ煮え立つ音やパクチーの香りに誘われていただく初めてのタイ料理。ちょっと見栄えはしないがおいしい。辛いのも一瞬のこと汗をかきかき味わった。驚いたのは、ビールの中に氷があること。「氷には気を付けて。」と聞いていたので少々不安。そこへ、象がやってきた。びっくりした。バナナを二十バーツで買って象にあげた。大通りは、バイクの騒音がけたたましい。

電飾の店で、暑い夜、お皿を並べ熱いものをいただく雰囲気は、気分まで解放させてくれる。テーブルを囲み六人の笑顔がはじけた第一日目の素敵な夜だった。

第一日目の素敵な夜

バンコクの朝

学校へ通う　制服姿の子どもたち
バイクに乗って仕事に行く人　人　人
バイク　バイク　バイク
屋台で食事をする人　弁当を買う人
騒音と朝食を買う人のエネルギーに
あふれた町。

通り一本はずれると
町角や　庭の片隅に　土地神様の祠《ほこら》
花や供物を供えて　手を合わせる姿が美しい。
全て目を見張るものばかり
エネルギーに満ち満ちていた。
祈りから始まる朝は
すがすがしい。

あちこちにある土地神様の祠《ほこら》

ドリアン

コンケーンへ

二日目は、バンコクの市内から北東に位置するコンケーン市へ飛行機で一時間の移動。ドン・ムアン空港では、満席で待つこと待つこと。コンケーンではホテル探しで通訳さんは大へん。交渉が長びき、なかなか落ち着けない。

やっと湖のほとりのレストランで食事をすることになり、優雅な気分に浸っていると、なんと天井にヤモリが所狭しとかたまっているではないか。いつ下に落ちてくるかと心配もした。これもタイなのだ。

夜店では、果物を売るおばさんに出会った。南国らしい珍しい果物が山盛りに積んである。少しずつ買いたいがキロ単位で売られていたので残念。

ドリアン、これは果物の王様。でも匂いがくさくてホテルには持ち込めない。果物の女王様は、マンゴスチン、紫色の丸い形が何だか美しい。固い皮を割ると真っ白な果肉が顔を出す。少し酸味を感じるが甘くておいしい。赤いモジャモジャおひげの果物は、ランプータン。中味は半透明の果肉で水分が多く甘い。小さな茶色の皮の実、ロンガン。種子が大きい割には甘い水分を含んでいる。タイの果物は、どれもおいしい。

マンゴスチン

ランプータン

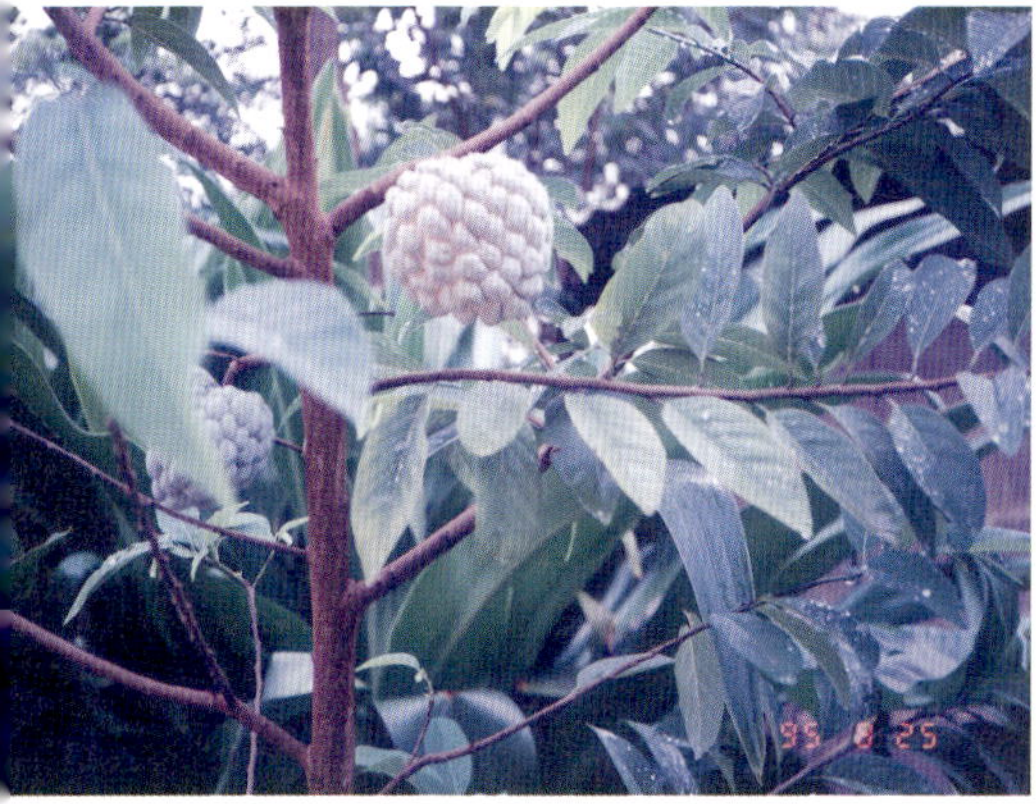

ノイナー（釈迦頭）

ロンガン

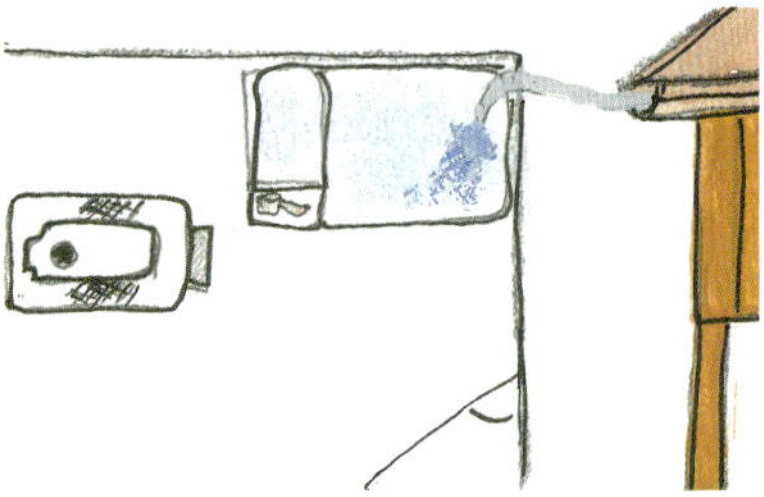

ホン・ナーム（トイレ）用の水
雨樋から常備する

ワンヤーオ村、そして、ウドンさん宅へ向かう

三日目、一本道をひたすらワゴン車に乗って、ワンヤーオ村へと向かう。私達の前をNISSANの自動車が走っている。夏の青い空、白い雲、両側は、広々とした田んぼ、高い樹々。水牛も見える。のどかな田園風景。私はさわやかな風を受けながら前を走る車を目で追っている。

村に着くとなんと高床式の家。大きな水甕が並び、水牛、豚、にわとりも共存してにぎやかな感じ。一番気になるのがトイレ、なぜなら、旅行の前にトイレについての説明があった。

一、住まいと離れていること。
二、夜、電気がないこと。
三、紙を使用できないこと。
四、トッケーの棲処らしいこと。

実際、来てみると、想像とは違いきれいなと

ウドンさんの家は高床式

ころだった。トイレのことをホン・ナームと言ってシャワー室になっていた。大きな水槽に樋から引いた雨水が貯めてあり小さな水槽に用を足した後、便器をきれいに流すための水が用意されている。私達が使用するトイレットペーパーは自分達が処理し流すことはなかった。

通訳さんはトッケーについて「オオキイヨ、トカゲニニテルヨ。」「クチデカイヨ。シタアカイヨ。」「コワイヨ。コワイヨ。」と話してくれたので、トッケーにはぜひ会って見たかったが会えなかった。あとで聞くところによると日本からの来客のため、みんなで大掃除をされたそうで、一匹も出会えなかった。（11ページ）

暑い国のこと、雨季はとても湿度が高く、スコールの前は湿度九〇％。そんなときは水あびをするのが一番、合理的なホン・ナームだった。

住居スペースは高床式の二階。階段を上がったところに広い居間、そして奥に台所。開放的な造りで、はしゃぎたくなる気分になった。

格子の窓

格子っていいなあ。
外と内の空気が　自由に行き交う場
何かがある。何かが見える。
私は、ゴロリと横になってみる。
田舎で過ごした小学生の頃が
妙に懐しく思い出された。
　そうそう。
私の家の玄関も縁側も格子戸だった。
道行く人も
今朝、咲いた花も
空気さえも　見えてくる。
夏は縁側にロッキングチェア
ゆらゆらゆらして

梔子《くちなし》の花の香り　強かったなあ。
鼻をくすぐるようだった。
それから・・・
本を読んだり　お昼寝したり
回り灯籠のように浮かんできた。
ああ、七輪の火がつくように
団扇《うちわ》で煽いだことも
水くみの手伝いもした。
格子を越えて吹き込んでくる風が
小さいころの想い出の便りを
届けてくれた。

まくら

南国の朝

村の朝

懐しい蚊帳をつり、女性四人は枕を並べてぐっすり眠った。時折り揺れるのは地震ではなく牛が床の柱にぶつかるかららしい。五時に起床し、私は外に出た。外は暗く、星がヤシの樹の頭上に輝いていた。ニワトリがあちこちから時の声をあげる。隣り近所にコケコッコーと朝を告げると朝食の用意が始まった。二階の台所では蛍光灯の下で野菜を切る音がする。切りくずは床板のすき間から床下へと投げられる。すると牛達が寄って来て食べている。無駄がない。隣の家では火をおこしモチ米をふかしている。お米をといでいる家もあり、私はじっと座ってどのようにして作るのか見ていた。

六時、だんだんと朝がはっきりしてき

た。赤く染まってきた空を見上げると少しずつ暗闇から明るさへと変わり一瞬、ぱっとオレンジ色そして、乳白色の肌色に輝いたと思ったら朝になった。ワンヤーオ村では、まっ暗で星が輝いていたのに、一瞬で朝やけになり明るくなってくるのだ。ヤシの樹やバナナの葉のシルエットがはっきりとしてくる。南国の朝を初めて味わった。ウドンさんのお父さんや近所の女性がゴザをかかえて寺から帰ってこられた。今朝は、お寺で食事をいただけるらしい。

タイの庭先でもち米をふかす

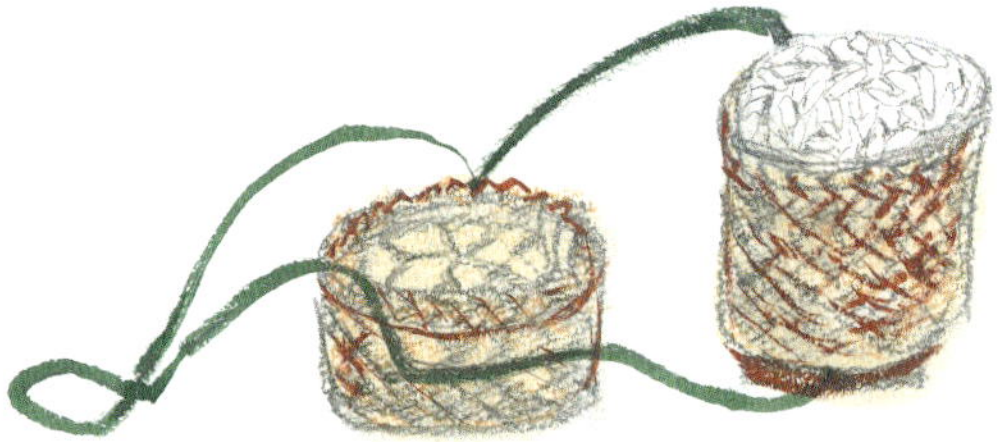

お父さん

ウドンさんのお父さんは「お父さん」と呼びたくなるような、いつも民族衣裳をまとっている優しい人。

「写真を撮らせて下さい。」というと、

「着替えてくる。」

と奥に消え、ズボンをはいておすまし顔。私たちは、スカートのようなあの姿が気に入って一緒に撮りたかったのに。

タイ人の通訳さんは、

「アレハ、パンツヨー。シャシンハ、ダメヨー。」という。

お父さんは、ズボンにはき替え、そのパンツとやらで顔をふいて、すましている。私はお父さんに吸い込まれるように寄りそってハイ、ポーズ。グループの中で一番若い娘さんは、お父さんが上着を脱いで床を拭き、「どうぞ。」と言ってくれたと感動気味。

お父さんの人柄に、みんな心を開かれた。ここは、ストレスの中で暮している人々の心を解放してくれるところだった。

さわやかな風、やさしい人々、お父さん、お母さん、牛の目もやさしかった。

ウドンさんのお父さんと私

高床式の階下は牛、豚などの小屋

おもてなし

太陽が雪や氷を溶かすように都会で喘いで暮す旅人の、硬く閉じていた心はじんわりとやわらいでいった。何も無くても人の温かいぬくもりが感じられる空間っていいなあとつくづく思う。

言葉は通じなくても円陣を組んでいただく食卓、頭や顔をつき合わせてのおしゃべり、笑い声は、ごちそう。メンバーの一人、私の娘はよく食べ笑って本当に楽しそうだった。職場の先輩は、子どもたちのあどけない笑顔にニコニコ顔、日本から持っていったユカタを着せてあげ、嬉しそう。

私達六人は、感謝、感謝。ありがとう。

ウドンさんのお父さん

สวัสดีคะ

サワッディーカ（女性のあいさつことば）

サマッキー学校を訪問

「サワッディーカ」ちょっと膝を折り胸の前で合掌するポーズが、かわいくて嬉しくなり「サワッディーカ」と挨拶をした。私達の顔も子どもたちの顔も笑顔であふれていた。「サワッディー」という言葉はおはよう、さようならにも使うが「安全と繁栄を祈ります。」という意味もあるらしい。タイ人は礼儀作法を大切にする国民だと教えてもらったことがある。

　教室で私たちと子どもたち（中学生）との交流の場が用意された。日本のアニメが好きで私たちより詳しかった。なぜかセーラームーンが話題に上がった。子どもたちは、日本の踊りを踊って欲しいといったけど咄嗟に出来なかった。タイの子どもたちは、すぐに民族舞踊を披露してくれたのに。

　遊びの話などとりとめもない話の中で、ある生徒から、

「日本の人は、なぜ、日本人を殺すのですか。」

という質問が飛び出した。一瞬とまどってしまい、どのように答えたのか今は覚えていない。このことが二十年を経た瞑想の場で生起してきたのだ。びっくりしたというか驚かされてしまう。このことは、二章でふれてみたいと思う。

　タイの子どもたちは、地下鉄サリン事件のニュースを知っていたのだ。

子どもたち

素朴な子どもたち
目が澄んでいる。
突然の侵入者なのに
温かく迎えてくれた。
小学生から中学生まで
一つになって
ここには　子どもという
純真な姿があるのみ
帰宅後はお手伝い
家族の一員として
みんなで働くという
共に生活してみたくなった
ちょっと恥じらいを見せる
子どもたちに　ありがとう。

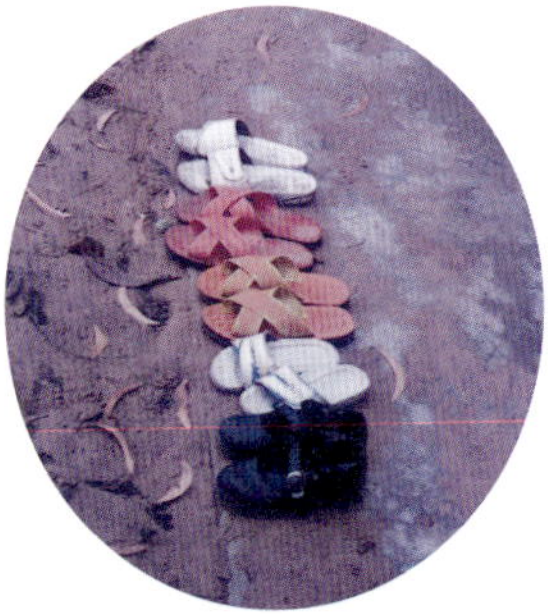

先生方

肩に力が入らない　大らかさがいい。
寛大な・・・こんな言葉が
日本の先生に　あったかなあ。

昼食の用意があっという間に
グリーンカレー、肉や豆の料理
テーブルに並んだ。外でのランチ

校長先生は若々しい
教育内容が知りたい
大切にされているのは
「心の水」思いやり
子どもたちを見ていると
わかるようだ
ゆったりとしたところ
私も少しいただきます。

記念の植樹

子どもたちの素朴さ、やさしさに触れ、先生方の寛大さに驚き、ゆったりした時の流れの中で暑さも忘れた終わりにサプライズが待っていた。

「これから、植樹をしていただきます。」と、門の近くに穴を掘って、子どもたちがスコップとバナナの苗樹を持って待っていてくれた。

暑い午後、サラサラした砂のような熱い土を私は手でたたき、子どもたちと一緒にバナナの苗樹を植えた。

学校訪問の記念に植樹をするという緑化運動。なんて素敵なこと、初めての体験にアリガトウ。

タイの民族舞踊

突差に披露したアルプス一万尺

สวัสดีครับ

サワッディクラップ（男性のあいさつことば）

ไม่เป็นไร

マイペンライ（大丈夫）……33ページ参照

チャオプラヤ川

「東洋のベニス」バンコクに戻る。私たちは、トゥクトゥクに乗ってチャオプラヤ川の舟着場に向かう。花市場を思わせる程、蓮の花、バラ、供物用の花があふれる中に、南国の果物、野菜、香辛料、そして、魚等々、荷物を運ぶ車や人でいっぱい。雨の後の道は汚い。

ルァハーングヤーゥ（長いしっぽのボートこと水上タクシー）に乗り込んだ。初めてなので緊張してしまった。スクリューの付いた細長いボートの縁にゴムシートが着いていた。それは水よけだった。勢いよくスクリューが動き始める音と、水しぶきがすごい。対岸の水上生活をしている人々、滔々と流れるチャオプラヤ川の褐色の水、水上バス、水上タクシー、ゴミを運ぶ舟を見ているとあっと

水上タクシー

いう間に私達はワット・パクナム寺院に着いてしまった。ここは、有名な瞑想修行のメッカだそうだ。

　私達はお花と三本の線香と黄色のろうそくと紙（この中に二枚の金箔）をいただき、お参りをした。タイの仏像は金箔を貼られぴかぴかの金色だ。

　今日は、大僧正の誕生日らしく大賑い、マイクでターミィグン……ひっ切りなしに聞こえ騒々しい。

　白い服をまとった尼僧の姿、黄色い衣《ころも》を着た僧侶の姿がきれいだった。この南国のタイに僧侶の衣の色が一段と映えている。

　堀割にかかる欄干では、しきりに何やらつぶやいて、亀を川に放したり鳥を籠から大空に放したりしている人がいた。功徳を積むためらしい。

村に泊まった翌朝、托鉢に見えた僧侶に夕ンブンすることになったが初めてで何をあげたらいいかわからなかった。タンブンこそ徳を積む行為、功徳のことらしい。

　僧侶として、修行されているウドンさんに会うことができた。なんと、タイ語の先生とウドンさんは友達だったのだ。磨かれた床、机、電話がある落ち着いた静かな部屋だった。目が大きくて柔らかなまなざしで「村の子どもたちは、どうでしたか?」「料理は口に合いましたか?」と尋ねられた。「日本の女性は東京に帰るとタイにはきたない虫がいたというらしいけど母が虫を追いはらっておいてくれたんですよ。」そうだったのかとうなずいた。お茶をいただき、私たちは、もしかして、もう会えないかも知れないのに、すぐにでも又、会える感じで、合掌して別れてしまった。

混沌としたバンコクの市内で更に驚かされたのは、小型のタクシーに乗った時のこと。六人のメンバーと運転手を入れて七人乗りで走ったのだ。ついに、動かなくなり、私達は途中下車。男性二人は、車を押して路端に寄せるはめになってしまった。

これもタイなのだ。マイペンライ（29ページ参照）。初めてのタイ旅行での思い出深い一コマであった。「マイペンライ」は、私の好きな言葉になった。〈気にしてないよ。大丈夫だよ。〉慰めや励ましの意味も含まれるいい感じの言葉なのだ。

初めてのタイ旅行は、優しい人達との出会い、珍しいものとの遭遇に満ちていて、またタイにでかけてみたい、また行ってみたいと思う旅だった。

……その後、出会った私のタイから……

食卓

エネルギーの源は　食卓にあり
二メートルもある魚あり
大きなエビあり
雷魚あり

果物は
ドリアンあり
マンクットあり
ランプータンあり

野菜は
パクチーあり
パクブングあり
レモングラスあり

トムヤムクン
プーパッポングカリー
パクブンファイデーング
ヤムウンセン
カオパットサパロット
ソムタム
トートマンプラー
カーウマンガイ
食卓は山のよう
ペットチンチン
汗を流して食べる
タイの食事

タイの雲

㈠
まっ黒
雲が雲を呼ぶ
雲が空を覆い隠す
俄かに雨が
車も人も道路も
たたく

これこそタイ
私は
この黒雲にひかれる

㈡
タイのもう一つの顔
それは雲。

雨やどり

暑い夏。
その暑さは　重い。
湿気を含んだ雲。
それは　青空の向こうに
雲を呼んでいるから。
その雲が近づくと
黒い雲が一瞬にして
空を覆う。

㈢　スコール

パタパタと大粒の雨が
落ちてきたかと思うと
ものすごい勢いで
降り始める。
思い切り雨を降らすと
雨の音がやさしくなる
耳を傾けると心やすらぐ。

僧侶

朝　六時半
托鉢の僧侶を待つ。
水あびをして　身体を清め
きれいな服に着替えて
朝食の用意をして待つ
舟をこいで
托鉢の僧侶はやってくる。
舟いっぱいのごちそうを積んで
すいすいすうい　後ろ姿は
自然の中にとけこんでいく
何ごとも　なかったかのように
過ぎ行く一瞬
朝の風は　すがすがしい
心の中は　軽くなっていた。

ホテイアオイ

川は　妙に郷愁をさそう
オリエンタル号に乗ったときも
目にとまった　ホテイアオイ
自分で漕いだ　舟での散歩も
目の前をホテイアオイが
流れていく
どこに行くのかな
どこで仲間を増やすのかな
止まったところが我が宿か。
目の前をぐんぐん　ぐんぐん流れていく

川から見あげる家は
どこも
ゆったりと川と共に生活していた
これも　タイ。

ココナッツ

いつも　持ち歩くペットボトル
生命の水

お寺でいただいたココナッツ
とても　冷たくて
アロイ　マーク

生まれるときも
死んだときも
ココナッツの水で
体をふくそうだ

そんなココナッツジュースこそ
生命の水

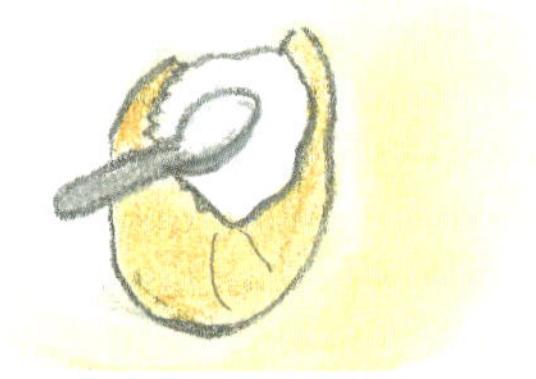

ファランポーン中央駅

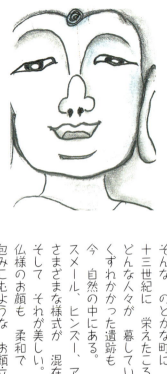

スコータイ

時が　ゆっくり　ゆっくり
流れていくような
そんな　のどかな町に　見える
十三世紀に　栄えたころは
どんな人々が　暮していたのだろうか
くずれかかった遺跡も　焼けた石も
今　自然の中にある。
スメール、ヒンズー、アユタヤ、スコータイ
さまざまな様式が　混在している
そして　それが美しい。
仏様のお顔も　柔和で　やさしい
包みこむような　お顔立ちだった。
仏像の頭に　鳥が止まり　鳴くのもいい
お声をかけたくなるような

もっと　ここにいたい。

チェンマイ

二〇〇一年

静かな町
お寺の町
布の町
チェンマイ最古の寺院
ワットチェンマン
ここの象に手をあてると
ドクドクドクドク…
心臓の鼓動が聞こえそう
不思議な出会い

象はタイのシンボル

コムローイ

ＪＥＡＴＨ戦争博物館

せかせかと仕事だけに力を注いで来た私に悠久の時の流れとゆっくりとゆったりとした暮し方に目を開くことを旅は、教えてくれました。人への思いやりの心地よさを届けてくれた旅。時の流れるままに身をまかせてみることも大切な過ごし方なのかも知れません。しかし、ただ流されるだけではいけないこともタイの旅は教えてくれたのです。

竹で造られた建物にバナナの葉で屋根を葺いたような小さな博物館を訪れたときのことです。（ＪＥＡＴＨ戦争博物館）

日本軍が泰緬鉄道（延長四百十五キロメートル）を敷設するため突貫工事をしたその時、連合軍捕虜の人々が味わった過酷な労働の様子を絵や手紙などを通して伝えていました。事実をどうしても、残さねばという生き残った人の想いがひしひしと伝わってきて、心が押し潰されそうでした。戦争中だから仕方がないと思われる人もいるかもしれませんが人間を人として扱わない非人道的な日本人のふるまいに私は怒りさえ覚えました。さらに衝撃を受けたのは事実を隠蔽するために機密資料等を徹底的に処分したということです。許されることでしょうか。

薬差し入れ 多くの捕虜救う

泰緬鉄道建設時 地元タイ人商人

第２次世界大戦中、日本軍がタイとビルマ（現ミャンマー）の間に敷設した泰《たい》緬《めん》鉄道の建設では、連合国軍の捕虜が栄養失調や疫病に悩まされた。医薬品が極度に不足する中、地元のタイ人商人が日本兵の目を盗んで薬を無償提供。捕虜として収容所内にいたオーストラリア人医師の協力を得て多くの命を救った経緯について、当時の様子を聞いていた遺族が本紙の取材に語った。　（タイ西部カンチャナブリで、伊東誠、写真も）

協力の豪医師 戦後、タイ支援財団設立

「マラリアがはやって大変だ。薬が足りない」。鉄道建設工事の拠点だったタイ西部カンチャナブリにあるブンポン・シリウェッチャパンさんの食料品店で、捕虜が日本兵に気づかれぬよう窮状を訴えた。コメや砂糖など収容所の食料の購入に訪れた日本兵が荷物運びのため連れていた捕虜たちだ。ブンポンさんは収容所に品物を届けるうち、オーストラリア人の医師エドワード・ダンロップさんと知り合い、薬を差し入れるようになった―。

今も残るブンポンさんの店を守る義妹ラムヤイ・シリウェッチャパンさん(八五)は、七十年以上前を振り返り「一人でも多くの命が助かって祖国へ帰ってほしいという一念だったと思う」と義兄とダンロップさんの思いを推し量る。

日本軍の監視の目は厳しかった。義兄は日本兵にも食料を差し入れていたという。「食料不足は日本兵も例外ではない。だから薬品の提供を見逃してくれていたのかもしれない」とラムヤイさん。店の隅のノートには「当時の捕虜の子どもです。本当にありがとう」と来訪者が記している。

ダンロップさんは戦後、オーストラリアの病院でタイ人医師の研修を受け入れる財団を設立。友情の証しとして「ダンロップ・ブンポン財団」と名付けた。二人は既に亡くなったが、来年創設三十年を迎える財団の支援で、これまでに百人近くが学んできたという。

タイ西部カンチャナブリで、ブンポンさんのパネル㊨を前に思い出を語る義妹ラムヤイさん

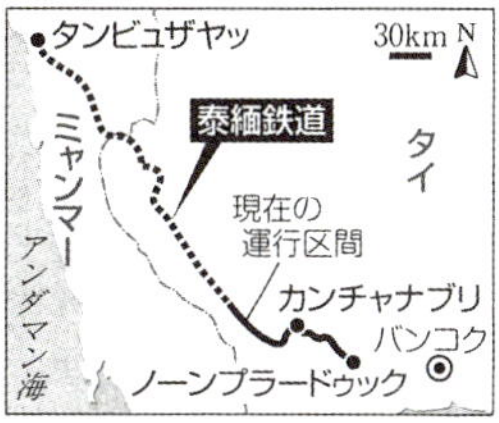

本書の校正中に見つけた記事（東京新聞　2015.8.10より）

それから

異文化に触れて、私は、ますますタイという不思議な国、微笑みの国に魅せられるようになりました。その後いくつかの県へ出かけては、新しい出会いに恵まれたのです。サコンナコンの子どもたちに『やさいのおなか』(福音館書店・きうちかつ　さく・え)を読み聞かせると目が絵本に吸い込まれるように見いり、野菜の名前をよく知っていて驚く程でした。図書室を見せてもらったのですが、古い本が少しあるだけで日本は恵まれているなあと思いました。日本の文化を紹介してほしいとの依頼に私の友だちはお茶の用意をして、抹茶を点《た》てました。甘いお菓子のあと抹茶をいただくのは全員が初めてで、おいしいとか苦いとか言っていた神妙な顔つきが思いだされます。高校生の体育祭が目を見張るもので大きなイベントの様でした。

チャオプラヤ川の支流を舟で、まるでクリスマスツリーのように蛍がとまる樹を見に行くこともでき、楽しいことばかり思い出されます。

チャドチャクというウィークエンドマーケットで物と人があふれる、およそ一万店舗もある中を汗だくで買い物をするのも楽しみの一つでした。タイのホテルも魅力的。

高校生の体育祭

いろいろな想いを抱いた旅は、私をタモ寺院へと向かわせました。この寺院は、初めて東京でタイ語を教えて下さった先生、そして、タイ旅行へ導いて下さったタイ語の先生が僧侶として修行されているところだったのです。

僧侶は、厳しい戒律を守り修行されています。特に女性に触れると今までの修行の効果が無くなり一から修行を始めなければならないそうです。乗り物に乗る時やタンブンをする時なども触れないように一定の距離を置かなければなりません。

二〇〇〇年の夏、タイ観光旅行の始めにタイ人の通訳さんと六人の女性でこのタモ寺院を訪ねました。静かな佇まいの寺院で住職さんから自然体について話を伺いました。自分の体の中の自然を知ることなど、やさしい声で話して下さったことが忘れられませんでした。開放的な寺院に座っていると風が吹き心地よいものを運んで来ます。本当に自然の中にいる自分に喜びと嬉しさを感じたものです。

二〇〇八年、私は、ひとりでここタモ寺院に十日間程、遊びに来ました。静かな森の中が忘れられなかったからです。

アユタヤにて　木の根に埋め込まれてしまった仏頭。

タモ寺院内

台所のお母さんや運転手のラーさん、十三才の女の子と六才の女の子と仲よくなり、絵を描いたり森の中を案内してもらったりのんびりした日々を過ごしていました。タイ語の先生が夜は十三才の女の子ティダーちゃんを私のところで泊まるように配慮して下さいました。ティダーちゃんは、五時にはお寺の食事の支度に帰っていくのです。

ある夜のことです。ティダーちゃんがサマーティに行くというので私も懐中電灯を手に降りていきました。そこには、数人の僧侶と尼さんが居て読経が始まっていました。私は何もわからないまま末席に座りました。薄暗い中で住職さんが何か話されていますが私は全く理解できません。でも、読経のひびきだけが今も心の中で聞こえます。

そんな十日間の〝ポーワールド〟(ぽうっとしてぼんやり暮らすこと)にひたる旅の最後に私は瞑想されている僧侶の後ろ姿を見たのです。心の中が静かに浄められ落ち着いていく不思議な空間でした。

私も瞑想してみたいとこの時、初めて思ったのです。帰りに「瞑想をさせて下さい。」とお願いして帰国しました。

二〇〇九年、いよいよ瞑想修行に取り組むことができるようになりました。どうやら旅の最終目標が瞑想を学ぶことになりそうな予感がしてきました。

瞑想への旅

ここから、私にとって〝瞑想〟という未知の世界に入っていくことになります。二〇〇九年から二〇一五年までの瞑想修行実践を報告の形で感じたことをありのままに書き留めてみることにしました。

短い期間ですが年に一度、修行僧の山寺で実践させていただけたことは本当に貴重な体験であり　大げさに言えば人生の集大成につながるものとなりました。

いよいよ二〇〇九年瞑想体験に出かけます。不安を抱きながらもわくわくする胸の高なりを抑え、ひとり重いトランクを持って私は、成田から飛行機に乗りました。チェンマイのホテルで一泊し、心の準備とゆっくりお風呂に入り身体を清め、明日を待ちます。ここへタモ寺院からタイ語の先生こと大福《だいふく》和尚自ら運転手のラーさんと共に迎えに来て下さったのです。懐しい出会いです。車は、チェンマイの街中を抜け森に向かって走ります。人家が見えなくなりおよそ三時間程で寺院の門が見えてきました。着いたのです。

私の部屋は昨年同様でした。いい風。私の居場所に座ってみる。「ただいま。帰ってきたよ。」と大声で叫びそうでした。

2014/11/26

初めての瞑想修行体験　十二月

約束

約束	連絡事項
・ゆっくり過ごすこと。	▼食事　七時四十分から。
・お腹を意識すること。	▼昼の瞑想　一時から三時まで。
・しゃべらないこと。	▼夜は、食事をとらないこと。

朝の瞑想は、六時から四〇分間、読経二〇分間の一時間です。

第一日目の朝の修行は寒さのみで集中できませんでした。お腹を意識するというのは、（膨らむ）（縮む）と心でつぶやき、観察の中心対象が腹部にあるということのようです。とにかく、（膨らんだ）（縮んだ）と繰り返すうちに何か温かく熱を感じ、動きがはっきりとつかめてきました。

二日目は、歩く瞑想の方法を学びました。

・足を肩巾に開いて　まっすぐに立ち、手を後ろに組む。（私の場合）
・右足が離れた瞬間（右）と心の中でつぶやく。
・左足が離れた瞬間（左）と心の中でつぶやく。
・足の裏を感じながら　ゆっくりと行う。
・Uターンをする時の曲り方や目は低くぼんやりと見ること。

など教えていただき、黙々と実践する中で足の動きや足の裏の感覚を感じるしかないのです。

二日目からは、僧侶の方と一緒に夕課（夜の読経）と瞑想にも参加しました。ただ座って呼吸しているだけでも、空気の流れが変わるのに気づきました。

初めての瞑想体験は驚きの連続でした。それは、何ごともなく使っていた言葉の一つ一つに深い意味合いがあることを考えさせられる場面に出会ったことです。そのいくつかの例を紹介してみましょう。

修行時の私の必需品

「立つ」ことの奥深さ

歩く瞑想の時、（立つ）という場面が何度か出てきます。一つは、曲がる時、（左曲がる）（曲がった）（立っている）というように、二つ目は、歩いている途中、雑念が湧いてきたとき、又、よろけた時に立ち止まり（立っている）と心の中でつぶやき、しばらくして歩き出します。

私が（立つ）と心の中でつぶやいた時、直っすぐな線のようなものが見え、円球がぼわっとその線の中心に見えたのです。何か上に吊り上げられるような感じで足の裏は、下に吸い込まれるようなエネルギーを感じました。何か不思議な気分です。

この体験（不思議なエネルギーについて）が部屋に戻って「立つ」という言葉に、自分の立つ姿勢、木立ちの中の樹々の様子などしっかりと観察するようになりました。曲りくねった枝やすっくと伸びた樹を見あげながら地中深く伸ばしているだろう根のことを考え、この上下に伸びるエネルギーとは、何だろうと想いをめぐらしたものです。今、ペンを走らせながら、それは、生命力なのかも知れないと思ってみました。

私たち祖先も立つことによって霊長類からヒトへの道を歩きはじめました。当たり前に感じて「立つ」「立っている」ことにも感謝の気持ちと共に多くのエネルギーを感じるのでした。

赤ちゃんがハイハイから立った瞬間に出会った人は、立ったときの満面の笑みを全身で表現した姿に「立った、立ったあ。」と拍手を送られたに違いありません。

瞑想とは、忘れていた大事な瞬間を想い出させてくれるものでもありました。

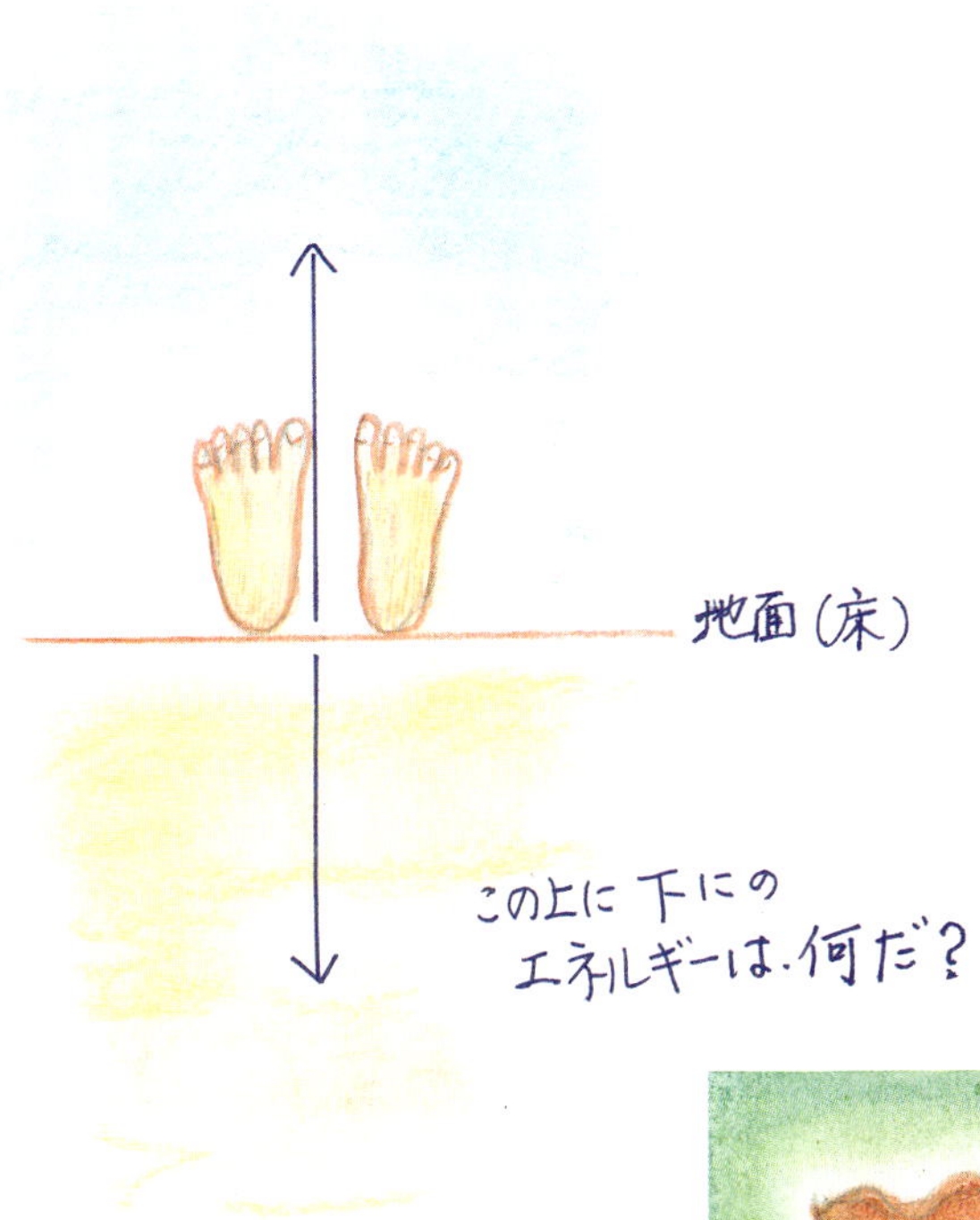

私の居場所

一瞬

早朝五時、本堂の前まで歩いて来て、薄明かりの空をふと見上げると淡いピンクの雲がありました。カメラを操作している間に雲の形が変わってしまいました。東の空を仰ぐと美しい雲が本堂の塔と樹木の上をつなぐように生まれてきたのです。あ、美しいと思う間もなく、形が変わり、雲はみえなくなり鳥が鳴きはじめ朝がやってきました。

本当に今、一瞬、対象から目を離すともう景色は違っていたのです。未来でもない過去でもない今、それは消えるのです。しかし、連続していくのです。でも、あの一瞬を感じる心は、なんとも言えないものでした。なんの変哲もない自然現象なのに今まで「今」という一瞬が未来でも過去でもないなど考えても見ませんでした。うろうろしている間に消えてしまうという考えも持ち合わせていませんでした。

一瞬一瞬に気づく感性が大切なのだと思います。そして、今を大切に生きることこそ、本来の姿なのかも知れません。そんなことを教えてくれた一瞬でした。

瞑想中浮かんだ言葉　―風になりたい―

ふと　風が私の目の前を通り抜けた
やさしい風に
静かな呼吸になる

私は風になりたい
こんなにも澄んだ　やわらかい風
心を軽やかにしてくれるのだから
私は風になりたい

病んで苦しんでいる人の側で
飢えでお腹をすかせた子どもたちに
独り侘しく暮らす老いた人に
何もできないけれど　喜びの灯火をもたらす
そんな　やわらかい風で
つつんであげたい

いのち

私は　見たのです。
見えたのではなく　心で見たのです。
いのちが　消える瞬間を。
音もなく　すうっと――。
それは　何も求めてはいませんでした。
ただ　消えたのです。

あれは　木の葉が一枚
枝から離れて落ちていく
瞬間だったのでしょう。
いのちが消えるときは
美しいものなのです。

食事が済みお皿を洗っていると何か気配を感じた。

初めての体験は、何もわからないまま、ただただ自然の中で、黙々と瞑想を続けた一週間でした。結果は、驚きの連続でした。

一日一回の食事に出されたカボチャの煮物一つとっても口に入れた瞬間から広がるそのものの味、ゆっくりゆっくり噛むと感謝の気持ちまでも広がっていったのが忘れられません。他者、物、すべてに心が向くようになり感謝の言葉が声に出るようになっていたのです。そうすることが嬉しいことであり心地よいのです。

また、生命の消える瞬間を見たただそれだけなのにいい知れない感動を覚えました。生命の消える時は、すうっと音もなく消えて行き、それは、美しいものだと。この体験で、私は〝死〟というはっきりとした目標が見えてきました。死に向かって消える瞬間が美しいものになるために今を十分に生きることなのだと。

瞑想修行をしてからは、病気や怪我に苦しんでいる時も必ず今の状態が変化していくことに気付き、あせらなくなっていました。痛みで眠れない日が続き、足や腕を動かすことさえ出来ない日が続くと不安になりますがその時は、動かないで椅子に座っているだけで過ごす日々、これもまた同じ状態は、続かないのです。少しずつ前に進みます。手足が少しでも動くようになると、ありがとうと肩や脚に手をそえました。

ゆっくり過ごすというのは、心を静かに冷静に保つことなのだと思えるようになりました。

働いている時は、時間や仕事に追われて寝る間もない生活でした。そんな時こそ、十分間でもいい瞑想の時間を作ることが大切なのだと今は思えます。

日常生活から離れた森の中の体験は、身体中に滲み込んでしまったものを全部剥ぎ取ってしまうのです。純粋な心で自然の声を聴き、自分と向かい合うことを教えてもらったのです。

瞑想体験をして、よかったこととして、取り上げるならば、
・心が落ちつくこと
・穏やかな気持ちになること
・身体が軽く感じること
の三点でしょう。また、何があっても必ずそれは、変化することを実感できたことです。

二〇一〇年　二〇一一年は　東京で

この二年間は　条件が整わなかったのでチェンマイのタモ寺院へ行くことができませんでした。しかたがありません。

修行していくうちに心が穏やかになり、自然が私の身体と一体となるような静寂の中に心地よさを覚えたこと、歩いたり立ったり食べたりと、当り前のことが新鮮で発見とも思える感動を覚えた私は、もっと瞑想について深く勉強したくなりました。

そんな時に『ブッダの瞑想法　ヴィパッサナー瞑想の理論と実践』地橋秀雄著（春秋社）に出会ったのです。

私には、難しい本でしたがとても興味をひかれました。まえがきの中に――悟りを開いたブッダが人類に向かって法（ダンマ）を説いた目的はただ一つ、人々が苦しい生存の状態から解放されることを願ってのことでした。その苦から解放されるための方法としてブッダが提示したものが、ヴィパッサナー瞑想というシステムです。――（引用）と書かれていて、基本瞑想の実践マニュアルが載っていました。

体験で学んだことを思い出しながら、ひとりで瞑想をしていると、突然よい知らせが寺から飛び込んで来ました。チェンマイのタモ寺院で修行されていた方が、私と連絡を取りたいというメールでした。

その方は東京で仕事をされていて、昨年の瞑想体験の折、修行をされていた方でした。修行中はしゃべることがないので、その方についての情報は知りません。私は先に帰国をしたのです。

それから、私がお願いをして、一緒に瞑想することになりました。朝七時から八時までの週二回です。五十三回続きました。座る瞑想三〇分、歩く瞑想三〇分を黙々と進めていきました。私は膝の傷のためうまく座ることができませんでしたが四十回目に結跏趺坐《けっかふざ》（両脚を組み、各々反対の両腿に交差してのせる坐法）ができるようになったのです。

三月十一日の大地震（東日本大震災）、私は八階の部屋で揺れの収まるのを待っていましたが揺れが大きく足がガクガクしました。物のこわれる音、電話やプリンターが落ちる音、本当に恐い思いでした。このことは、瞑想にも影響し、三月十七日の瞑想は、足がふらつき、集中できませんでした。落ち着いたのは四月十日、三十六回目。足の裏の感じ、座っての瞑想にも集中。三十九回の日記から、今日は、久し振りに歩く瞑想の折、足がゆっくりと動き、ふらふらすることがなかった。（立つ）と心の中でつ

ぶやいた時、頭の上に風が吹きあがるような感じ、下は臍のあたりから煙のようなものが流れ出るように吹き荒れたのです。私は、どんどん無くなり、最後にポツンと小さな丸い粒が残ったのです。これも瞑想中の一瞬の出来事なのです。不思議でなりません。

帰宅時、このことを考えてみました。丸い粒から想像が広がっていきます。私も精子と卵子が出会って受精卵になりそこから出発してきたのですから。お母さんのお腹の中で日々成長し、赤ちゃんとして誕生後、社会の人の中で大人になっていきます。体の中の細胞も分裂を繰り返しながら形作られていくのです。臓器は映像でしか見たことはありませんが私の中で生きて動く様子が見えるようです。小さな細胞の集まりが生死を繰り返しながら私という体を生かしてくれています。形作られた私の中のドラマは、どうなっているのでしょうか。不思議でなりません。

五十回目にミーティングを行うと　結論は、瞑想を続けると成果があるということでした。とにかく、がんばってみよう。

五十一回目は、特別な日。それは、相手の方が京都の瞑想センターで十日間の修行をされた後、再び始めた日なのです。時計の音で瞑想は、始まります。一瞬にして空気が変わります。目を半眼にし、自分の世界に向か

うとすぐに、私の右側に何か波紋のようなものが湧いてくる感じで、あ、もう集中されたのかと思いました。終わって、相手の方を見ると今までと違い鎧をとったような柔かい感じがして、瞑想の力を知った五十一回目でした。

いろいろな都合で二人の東京での瞑想修行は、成果を残しながらも五十三回で終了となりました。

『ブッダの瞑想法　ヴィパッサナーの理論と実践』の本は、大いに役に立ち手離せないものとなっています。実践を踏まえながら書かれていることを理解したり、どういうことかと疑問を持ったりして努力を続けることが大切なことなのです。東京で学んだことは理論と継続ということでした。

ヴィパッサナー瞑想とは、① 心をきれいにすること、② 事実をありのままに観ること、③ 法と概念を明確にすること、だそうです。

私は「法」と「概念」について、明確に識別することからスタートしてみようと思います。

ＮＨＫテレビ
１００分de名著　真理のことば　始まる

私はブッダについてはお釈迦様ぐらいしか知識を持っていませんでした。けれども二〇一一年九月に、ＮＨＫ１００分de名著、『ブッダ真理のことば』佐々木閑（花園大学教授）に出会ったのです。なんとタイミングのいいことでしょう。

テキストには、はじめに〝苦悩〟の時代に読みたい経典だと書かれていました。指南役としての佐々木先生の話は、わかり易い説明と柔和でにこやかな話し方に魅かれました。ブッダの教え、ブッダその人の考え方に共感し、『ブッダの真理のことば　感興のことば』『ブッダのことば　スッタニパータ』中村元訳（岩波文庫）などを読んでみました。先生の話とテキストは、私にとって、まさにブッダの仏教の入門書になったのです。

月並みな譬えですが、目からウロコが落ちるとは、このことだと思える程、ストンと心の中に落ちるものがありました。例えば、諸行無常、諸法我は、世界を正しく見るための羅針盤であるというのです。ブッダの教えが身近に感じられるようです。

友だちは「何でタイまで行くの？」「日本にも寺はたくさんあるんじゃないの。」とあきれた顔をしていました。けれども私には、タモ寺院しか、考えられなかったのです。学校で習った大乗仏教と小乗仏教の流れがある位しか知らなかった私は、タイの仏教と日本の仏教が根本的に違っていたとは考えも及びませんでした。全く違っていたのです。私が瞑想修行を行っているタモ寺院は二五〇〇年続いているブッダの教えを伝えるテーラワーダ仏教の寺なのです。そこには、二二七の戒律を守り続けながら修行に励んでおられる僧侶の姿がありました。

タモ寺院とその森が、私にはどこよりもしっくりあったのです。

私は瞑想を続けることにより、「法」と「真理」について少しでも理解できればと思うようになりました。そして私は、早くタモ寺院へ行きたくてしかたがありませんでした。

私は、あの森へ行きたいのです。空気も澄み、温かい人の心が流れている森の中に、また佇んで見たいのです。

二〇一一年　十月　瞑想修行始まる

二〇〇九年は未完成だった本堂が真っ白で立派なものに完成していました。私の泊まる部屋も今までと違い整えられていたのです。絵で紹介しましょう。感謝です。修行が始まります。

―日程―

2：30 起床	3：30 鐘がなる	4：00 瞑想　朝課（読経）
6：00 清掃	8：00 食事	12：00 瞑想
18：30 夕課（読経）	19：00 瞑想	21：30 就寝

毎日、二時半から三時に起床し、身じたくして三時四〇分には部屋を出ます。三時三〇分の鐘の音を数えてみると三十五打、強い音から弱い音へと早く連打されると、犬の遠吠が続き、一日の始まりです。

外は暗く、星が美しく瞬いています。頭上には、オリオン座があります。

今回の瞑想修行者は、日本人の三名です。

始めは、瞑想には集中できません。日程の他に大福和尚による瞑想が

五時から六時までと十二時から一時までであります。その他は、ひとりひとりが自由に好きな場所で瞑想することができます。私は、いつも本堂で瞑想することにしていました。

全然集中できないまま三日目を迎えました。私は、体調がすぐれず十二時の瞑想を休み、部屋で一時間瞑想をした後、ゆっくりと過ごすことにしたのです。二階の椅子に座って、柔かい風を感じてみました。タイらしい庇《ひさし》の風情に見とれながらゆったりした気分でいると「雨のうた」という鶴見正夫の詩が浮かんできました。

口ずさんでいると楽しくなりました。透し彫から見える緑の美しさ、窓越しに見える外の景色をぼんやりと楽しんでいると寺に向かう前に、三人の中の一人の方が「なぜ瞑想に興味を持ったの。」「自分自身の生きる指針を見つけるためかなあ。」と尋ねられ、私は首を傾げながら「なぜ、このタモ寺院に来たの。」「なぜ、このタモ寺院に来たの。」と答えたのです。初めて会う人は、どうして?と、きっと知りたくなるのでしょう。私はあまり考えたことはなく、自然の成り行きのままだんだんおもしろく良い方向へと深みに入っていくようです。ここでしか修行できないことなのです。全て縁によってつながっているのです。

2008/10/23

2008/10/21

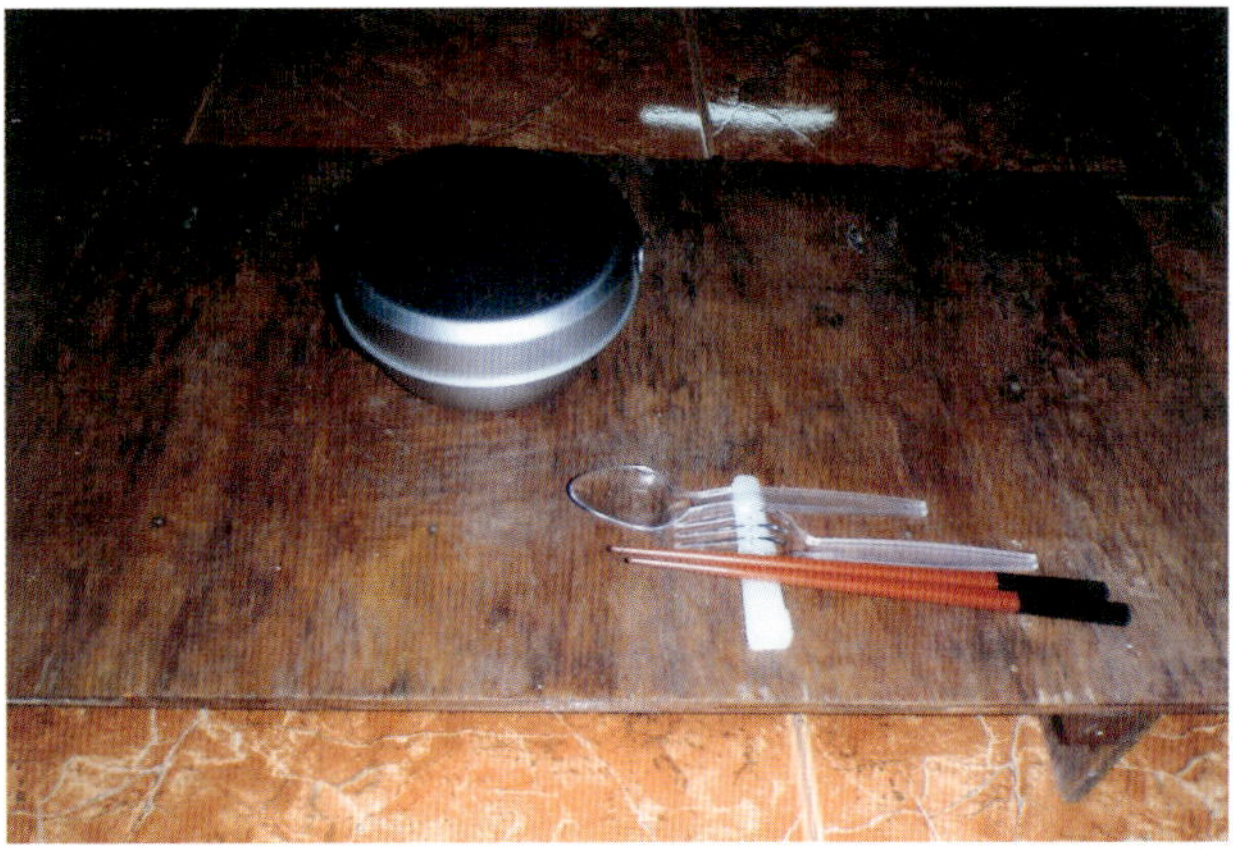

よく人に一食でお腹が空かないの？と質問されることがあります。

始めのうちは、何か食べないとお腹が空くのではと私自身も思っていました。八日目の日記を見ると昨日の朝食後、何も口にしなかった。欲っしなかったと記録しています。いつもは午後三時頃、ゆず茶か紅茶をカップ半分飲んでいました。が、全く口にしなくても平気だったのです。以前、私の師匠の大福和尚から食べたくなるのは妄想ですと教えていただいた記憶がよみがえりました。食べることを忘れるとそれで済むことがわかり、かえってすっきりするし、お腹は空きませんでした。だから、朝、食事をいただけば、お腹は空かないのです。

　七日目におもしろいことが起きました。やっと緊張もとれ、瞑想に集中できるようになってきたときのことです。私の顔がバリバリッと音を立ててひび割れていくのです。きっと顔がこわばっていたのでしょう。顔の上から徐々にこわばりがとれ新しい顔が誕生したのです。固いせんべいを割って食べる様子を思い浮かべてみて下さい。

　瞑想の体勢が整ってくるのも一週間かかるのかも知れません。

私が消えた？

九日目には、もっと不思議なことが起きたのです。日記、朝の瞑想から。

――誰もいない暗い本堂に座るとピーンと張った弦のような緊張感が走った。瞑想に入ると身体ごとすうっととけ込むようだった。この時の空気は一体何だろう。言葉ではどう表現していいのかわからない。本当に集中していたのかも知れない。集中するとは、平な水面に小さなものが落ちそこから波紋を生じ、徐々にゆっくりと波紋が消えてもとの水面に戻り、何ごともなかった状態に戻る如きものである。

お腹のふくらみ、縮みだけが感じられ、それもそのうち消えるものになり、気が付くと座って瞑想している自分が在るのみだった。その後、実に静かな穏やかな気分を得た。異次元の世界からやって来たとした思えない何かに身体が包み込まれているような不思議な世界を体験することができた。――

これは、朝三時五〇分頃のことです。このじんわりと広がる幸福感は、いつまでも心に残るものとなりました。幸福とはこういうことなのだろうか、至福の時を得た一瞬だったのです。

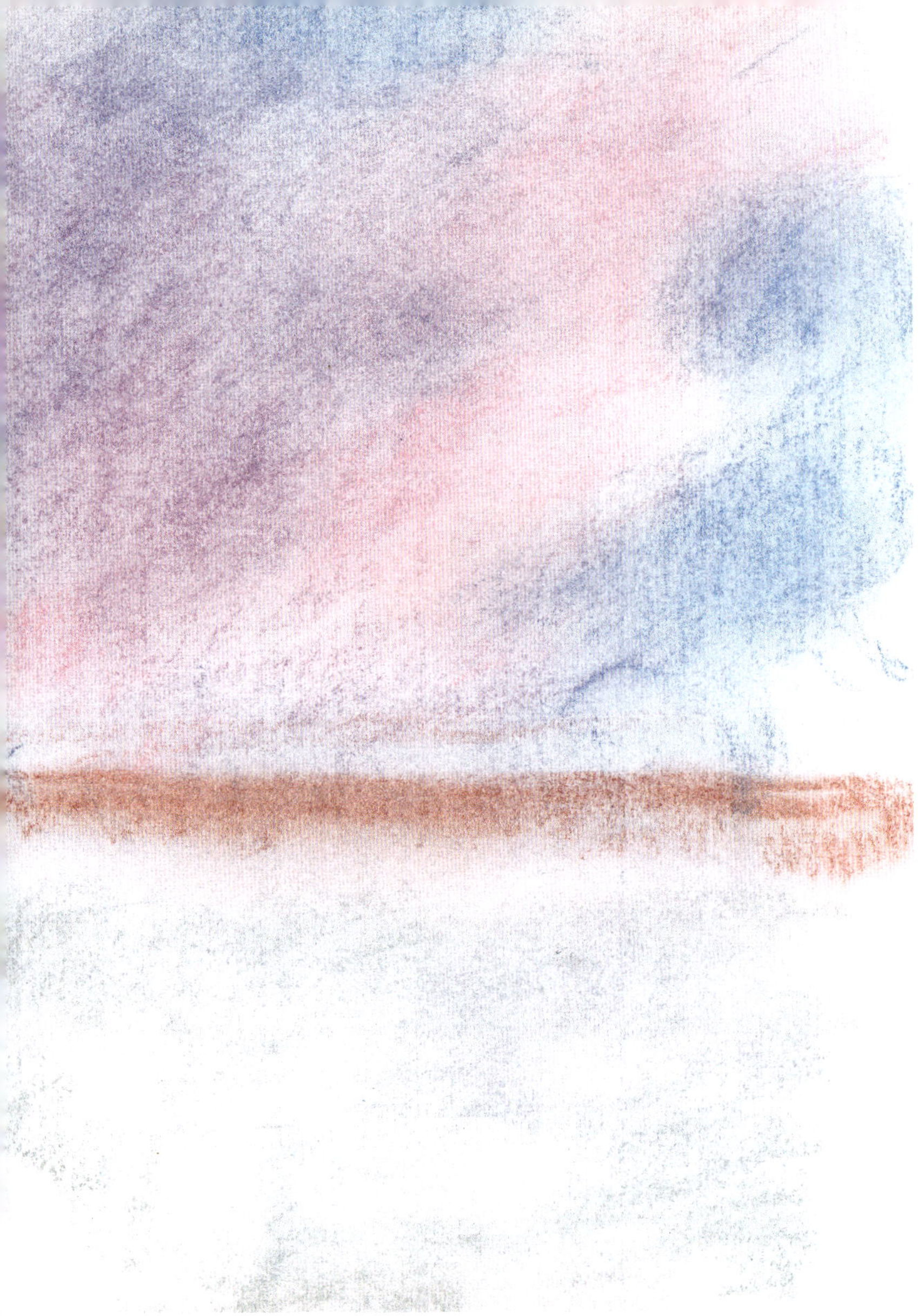

瞑想修行も十日目を迎える頃には、すぐに集中できるようになってきました。歩く瞑想をしている時も、足の動き、足を運ぶときの押し分ける空気の流れ、離れるときの軽く力の抜ける瞬間、移動するときの足の裏、着いた時、指先までかかっていく圧の感じ、一つ一つ細かいところまで感じられるようになりました。

今日は、午後二時から、ミーティングがあります。ミーティングとは、修行中は言葉を交わすことはほとんどないので、今回修行した三人が、大福和尚と成果や疑問点などを率直に話し合う機会のことです。

今回は、広い緑の庭園のある回廊式の建物にお住まいのご夫妻宅で行われました。ご夫妻とは、初めての出会いです。二階の風のよく通るテーブルでお茶をいただきながらお互い自己紹介をして、和やかな雰囲気でした。和やかといっても会話がタイ語か英語なので語学の弱い私には大へんです。

ミーティングは、瞑想の部屋の前の張り出し舞台のようなところでした。年輩の男性は長く瞑想されてきた方のようで仏教の話や苦や怒りからの脱出の話など興味あるものでしたが、私には縁遠いものに感じられました。とても勉強されていることがわかります。私は瞑想することが楽しいし、すぐにその場に自由にとけこめます。それはきっと、子どもたちに出会っ

たからだと気がつきました。無我夢中で子どもたちと格闘してきた三十七年間、子どもたちの厳しい目や優しい心に鍛えられ、見守る姿勢が育てられたのだと思います。子どもこそ我が師といえるでしょう。

ここで私には、師と仰ぐものが三つできました。一つは、自然。一つは大福和尚。一つは、子どもたち。瞑想することで真実や真理のようなものを見せてもらう気がしてきました。今回の瞑想実践は、私の身体も心も元気にしてもらいました。ミーティングの終りに、東京でも一時間の瞑想を毎日続けるようにとの師匠の言葉を忘れないように心にとめたいと思っています。

私たち三人は会話がなくとも十日間の瞑想期間のうちお互いの心を思いやる信頼し合える関係ができていたのです。二人の方そして、大福和尚に感謝です。ありがとうございました。

十一日目、二時に起床、寝具の片付け、床の空拭きなど丁寧に感謝を込めてやりました。三時四〇分から瞑想、五時朝課、六時から托鉢（カメラマンとして同行）八時食事。

九時三〇分寺を出発。別れの時です。

二〇一三年　八月

昨年、初めての十日間の瞑想修行は身体《からだ》と心に変化をもたらしました。歩いていても身体が軽いし背中がすっきりした感じでした。帰国後すぐにスポーツマッサージの先生に看てもらうと「木下さんは、タイから帰ってくると体調がよくなるね。今回は、心も身体も違っているよ。東京にいるとだんだん硬くなるし心もよどむ感じ。そんなもの全部消してしまって明るく若くなってきたようだ。」と。

内科の先生も「血液、尿検査ともよくなってるね。きっと食事がよかったのでしょう。」と。

友達からも心配して電話をもらいましたが、「とても元気な声でいつもと違う。」ということでした。普段の生活が思いやられる言葉です。

このように心と身体に良いものをもたらす瞑想、二〇一三年はどんな出会いが待っているのでしょうか。

今回は、いつもの二人です。雨季の瞑想は初めてで朝の気温は二十二度から二十五度、湿度八十パーセント、午後は暑く汗が背中を流れ、じとじととまつわりつくような感じです。

本堂での昼の歩く瞑想は、時折、風が足の裏をすうっと通っていく気持ちよいものです。座る瞑想は、目の前で白い雲がわいてくるようで不思議でした。もう三日目で集中して瞑想が出来るようになっていました。朝の瞑想は涼しいからなのか静寂そのもの、時の経つのも忘れてただ座っているだけです。ここに来て考えることは、同じ物は何もないということを実感させられることです。

夜の瞑想の後半に首、特に左側が痛くなり、脳の血流が悪くなったようで気分が悪くなってしまいました。サティを入れても治らず長い時間に感じられました。どうしたことでしょう。私が炎につつまれているところが見えました。

森の中の散歩

今回は、朝食の後、一時間、森の中を散歩しながら静かに過ごすことにしました。至るところに瞑想の家が造られたり、岩を利用した部屋があったり、石像を見たりと、おもしろいものばかりです。木々の緑を感じながら雨の音を楽しむ雨の日の散歩も気持ちいいものです。

森の中の散歩は気分を柔げ、のんびり探策し、昼の瞑想に備えます。

鳥の巣　キムネコウヨウジャク

チェンマイには、キムネコウヨウジャクの巣があるという情報を知った昆虫博士といわれている孫に、鳥の巣を頼まれていました。鳥の鳴き声は聞くし、食事の時の経に合わせるかのように鳴く鳥もいます。でも、鳥の巣は、見たことがありません。そこで、運転手のラーさんに絵を描いて「見たことありますか。これが欲しいのです。」とお願いをしました。ちょうど妊婦のお腹を横から見た形の絵です。

するとある日、なんと八個も持って来て下さったのです。飛び上がらんばかりの嬉しさでした。二十メートルもある高い木にぶら下がっている巣をどのようにして取るのでしょうか。小枝に嘴でしっかりと落ちないようにくくりつけてあり、まだ緑の葉が残っているのもありました。しばらく眺めていると、不安になってきました。キムネコウヨウジャクの巣は、巣作りに対する細やかな親の愛情が感じられるものなのです。だから、不要になった巣が欲しい

のです。注意深くよく見てみると不要とされた巣だとわかりました。不安は心の中で生まれるものなのだと気がつきました。チェンマイでは、この美しい形の鳥の巣が軒先に飾られているのを見かけます。勝運を願うお守りだということでした。

今回の瞑想修行は、静かにゆったりとした感じで集中する瞑想の形ができてきたこと、頭がクリーンになる時がわかってきたことです。

言葉に対しても、言葉が先にあるのではなく、人が積み上げてきたそのことに対して言葉が生じるのだということ、そして、自分が経験したことを表現するために言葉があるという実感、これは、私にとって最高の宝物となるに違いありません。じっくりと考えてみたいと思います。

一面的で当り前の見方ですが、急に、瞑想すると浮かんで来るのですから、私にとっては、考える材料を提供してもらったように思えました。そして、また、瞑想は、忘れていた自分が解決しなければならない問題点をもはっきりと炙り出すのです。なぜなのでしょうか。不思議でなりません。

非日常の世界(1)

東京では味わえないこととして、まず自由に水が飲めないことです。今回は二リットル入りを十八本購入しました。うまく使わないと近くに買うところがありません。不自由と水の節約を強いられます。

部屋の中を蟻の大群が日によりますが大河のように黒いうねりの道を床や柱に描きます。見ていて気持ちよいものではありません。しかし、蟻も生きて活動しているのです。ヤモリも時おり天井から糞を落します。自然体です。

雨季は少し動くだけで汗がじとじとです。お風呂がないので水をかぶります。私は空になったペットボトルに水道の水を入れ、外に置きお湯を作ることを考えました。大成功です。水のあとお湯をかぶるとすっきりします。湿度が高いため服の洗濯物が乾きません。修行の服は上下白いものです。一度着たらすぐ風を通していくつか回して着ます。(雨季のみ)

こんな生活は、したことがありません。こういうところに身を置くことにより見えてくるものがあります。生きていく上で大切なものは何だろう。少しの食べ物と最低限度必要なよいものだけでいい。人を気遣う心遣いを持ち合わせていればいいのです。

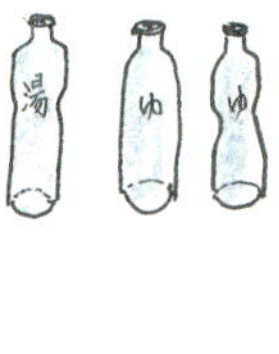

非日常の世界(2)

慌しい日常生活から離れて、私にとっての非日常の世界に身を置かせて下さる寺院の皆様にいつも感謝の気持ちでいっぱいです。

電話もテレビも新聞もなく携帯電話もつながらず、情報は一斉入ってこないところなのです。あるのは、自然との対話だけ、瞑想して自分と向き合うのみです。でも、そこに楽しさが見つかるのです。それは、本堂の塔の上の風鐸と風の戯れる歌です。微《かす》かに聞こえる鈴の音色はすずやかで美しいものです。目を閉じるとほっとする時の流れです。

樹々の林立する小径を歩くと木の葉のざわめきがまるで会話をしているような気がします。本当に誰か翻訳していただけませんかといいたくなります。でこぼこした山道を踏みしめて歩くのも楽しみの一つです。ここでは、食事も部屋も与えられ瞑想のみに没頭できるのです。こんな幸わせなことが他にあるものでしょうか。

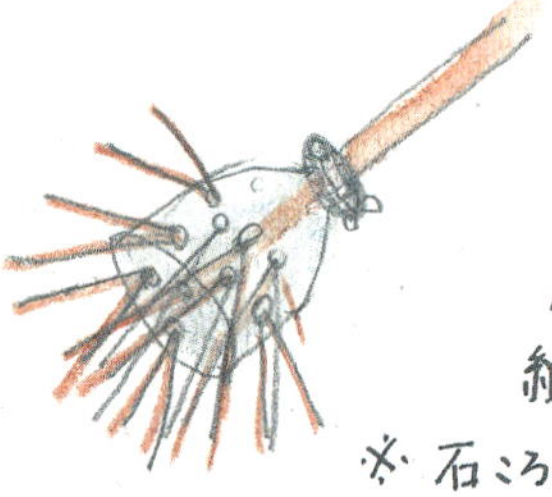
ペットボトルを切ったものに
細い木の枝をさしてある
※石ころの上は 掃きやすい

二〇一四年 十一月

—日程—
3:00 起床　4:00 瞑想 朝課　5:30 清掃
8:00 食事　12:00 瞑想　15:00~16:00 外の清掃
18:30~20:15 夕課 瞑想　21:30 就寝

今年は乾季の瞑想修行となり、雨の降らない一番気候のいい時季です。それなのに私は日本を発つ前日に風邪をひき、医者に処方してもらった薬を飲んでの出発でした。飛行機の中が乾燥していたせいかチェンマイに着くころには声がかすれてきました。

タモ寺院に到着。こちらに来るたびに日本人の修行者を目にします。出家を目指す方や早期退職後、テーラワーダ仏教を学ぶ方などがおられ私たちいつもの瞑想修行者二人も仲間入りさせていただきました。その日の夜の勤め、午後六時半から始まる夕課（読経）と瞑想に参加。今回は、本堂ではなく、長いござの上に座わります。外で行うのは初めての経験です。

日が落ちると風が少し冷たく感じられ一時間十五分の瞑想は、気持ちが

いいはずなのに、風が喉を通ると咳き込むのです。もう咳を止めることばかり考えたり風邪をうつさないかと考えたり心の中は、嵐が吹いているようでした。息を止めて一、二、三、……と数えてみたり、気管支が（かゆい）とサティを入れて見たり無駄なことばかりしていました。ふと『ブッダの瞑想法』の後半に書いてあった慈悲の瞑想のことを思い出したのです。この本には、四行六連の心の中で唱える言葉が書いてあります。連の一行部分だけ紹介します。

1. 私が幸せでありますように
2. 私の親しい人々が幸せでありますように
3. 生きとし生けるものが幸せでありますように
4. 私がきらいな人々も幸せでありますように
5. 私をきらっている人々も幸せでありますように
6. すべての衆生が幸せでありますように

こちらのタモ寺院の朝課の中にも次のように唱える言葉があります。

私が幸福でありますように。
私に苦しみがありませんように。
私に怨みがありませんように。

私に怒りがありませんように。
私に悩みがありませんように。
私の幸福が守られますように。（日本語訳、パーリ教本より）

と続いていきます。

私は全然違うかも知れないけれど、ここで瞑想されている方々に想いを込めて、

私の瞑想が集中できますように
隣りの人の瞑想が集中できますように
ここに集う人々の瞑想が集中できますように

と。慈悲の瞑想とは言えないものですが、心をこめて心の中で唱えました。慈悲の瞑想もどきといった方がいいかも知れません。でも、真剣なのです。

すると、咳が止まったのです。本当に不思議でした。それから、安心して瞑想に専念できたのです。それは、五日目のことでした。咳とのたたかいをしていた三日目のノートに、瞑想とは〝自分の今を知ること〟。知ることによって、どのように生きたらよいか、どうすべきかがわかる。故に生き方が変わると言われる所以なのかも知れないと。四日目は、胸が苦しくなる。これは長引くかも知れないと思える。と記してあったのに五日目

に慈悲の瞑想を試みてから変化したのです。私にとっての集中するとは、諸々のことが浮かんでこない状態になることです。思考が止まるというのでしょうか。今までは、唾液がたまるのを目安にしていたのです。

二〇〇九年の瞑想体験で「心がとまる」という師匠の言葉がわからないと記していますが、少しわかったように思います。

夜の外での瞑想時、一度も咳がでませんでした。

そして全く声が出なかったのに、少しずつ声が出るようになってきました。

初めて夕モ寺院を訪れたとき、大福和尚は、三宝に礼をすることを説明されたのですがどういうことかわかりませんでした。仏、法、僧に礼拝することです。仏＝ブッダ、法＝ブッダの教え・真理、僧＝サンガの三宝だったのです。今では、自然にできるようになっています。

食事のときの三拝の礼、瞑想の始め終わり、朝課、夕課の時などしっかりと礼拝する姿勢に変わりました。私は五日目の昼の瞑想の後、どうも今までとは違う自分があるような気がしました。どこがどのようにと言われてもわからないのです。きっと何か変化があったのでしょう。

少し、ゆとりがでてきたのか、僧侶の方の作法、礼、足の組み方など見えてくるようになりました。でも、それは難しいものなのです。今まで瞑想の座り方ばかり気にしていましたが読経の時の座り方にも色々な作法があるようです。

私はできませんが、今は深々と三宝に礼をつくすようにしています。

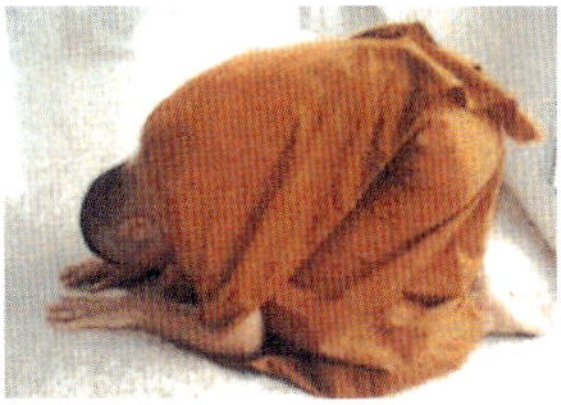

三拝の礼

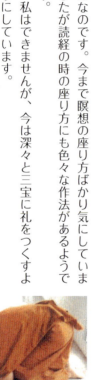

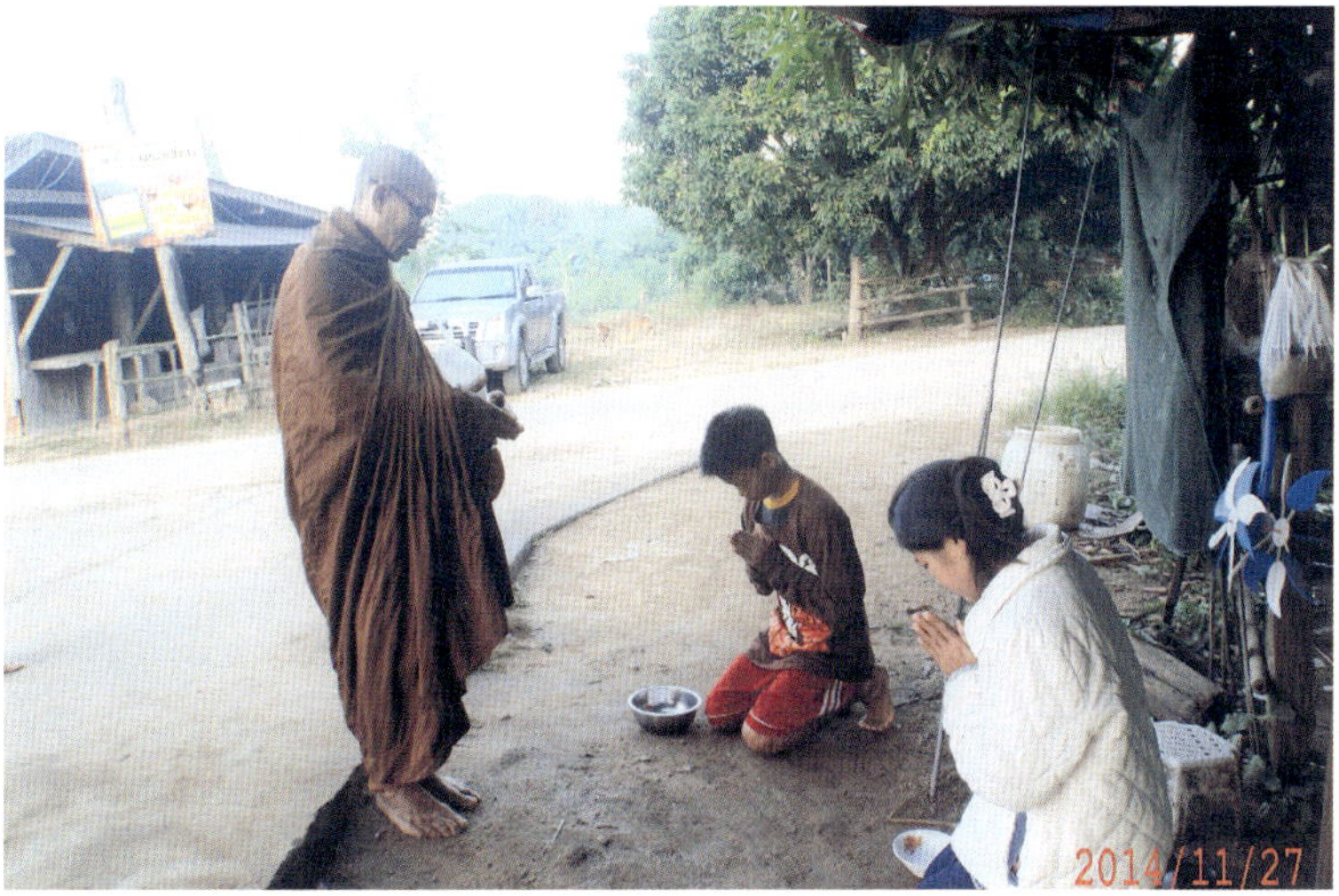
2014/11/27

不思議な映像

私は瞑想中に不思議なものを見ました。夜空に黄色やオレンジ色のキンモクセイの小さな花が散りばめられたような風景です。何かよくわかりませんがどんぐりの殻斗《カクト》の形に似たものやロート型の広がったところに小さな渦をまいたようなものを見たのです。

二〇一四年十二月四日テレビ番組コズミックというのがあり、何げなく見た画面に、あれ、どこかで見たようなという気がして、もっと早く見ればよかったと後悔しましたがタイトルは、わかりました。「宇宙誕生の謎に見るインフレーション理論」というものでした。映像の終わりに佐藤勝彦とありました。この時もどこかで見た名前だと思ったのです。そうです。二〇一五年一月二十四日㊏「白隠フォーラムin東京2015」のちらしです。私は既に申し込み済でした。「私は誰か?宇宙はどこから来たか?」のテーマで佐藤勝彦先生の講演、他に佐々木閑先生、芳澤勝弘先生とありました。

なぜか私は、何かに導かれているような気さえしました。不思議でなりません。その日が待ち通しくてなりませんでした。

今年の一月二十四日㈯は　熱気溢れる会場で１３８億年の旅を経験したのです。１３８億年の旅とは、佐藤勝彦先生の話の中に夢中に聞き入って宇宙へ行くカプセルにいる感じでいたということなのです。

「宇宙の誕生シナリオ　インフレーション理論―観測的実証への期待―」という演題で実に宇宙の誕生から現在までの歴史を三時間以上も語って下さったのです。宇宙は永遠不変でなく始まりがあるというのです。無から宇宙が誕生したの？いやいや、実は、真空（もっともエネルギーの小さい状態）は、完全な無ではなく素粒子がペアになって生成したり消滅したりしている状態のことで、つまり有と無の間をゆらいでいる状態なんだって？（ふうん）そして、インフレーション膨張、火の玉宇宙に、陽子や中性子の合成……最初の星の誕生は2億年そして、現在が１３８億年なのだそうです。私には難しいものでしたが、初めて聞く話に目を輝かせていました。

私は、星が身近に感じられ、私も星に住んでいるんだ（天の川銀河）と小さな存在に見えてきました。さらなる驚きは、最後にありました。講演の終わりにポール・ゴーギャンの「我々はどこから来たのか　我々は何者か　我々はどこへ行くのか」の絵画が、大きなスクリーンいっぱいに映し

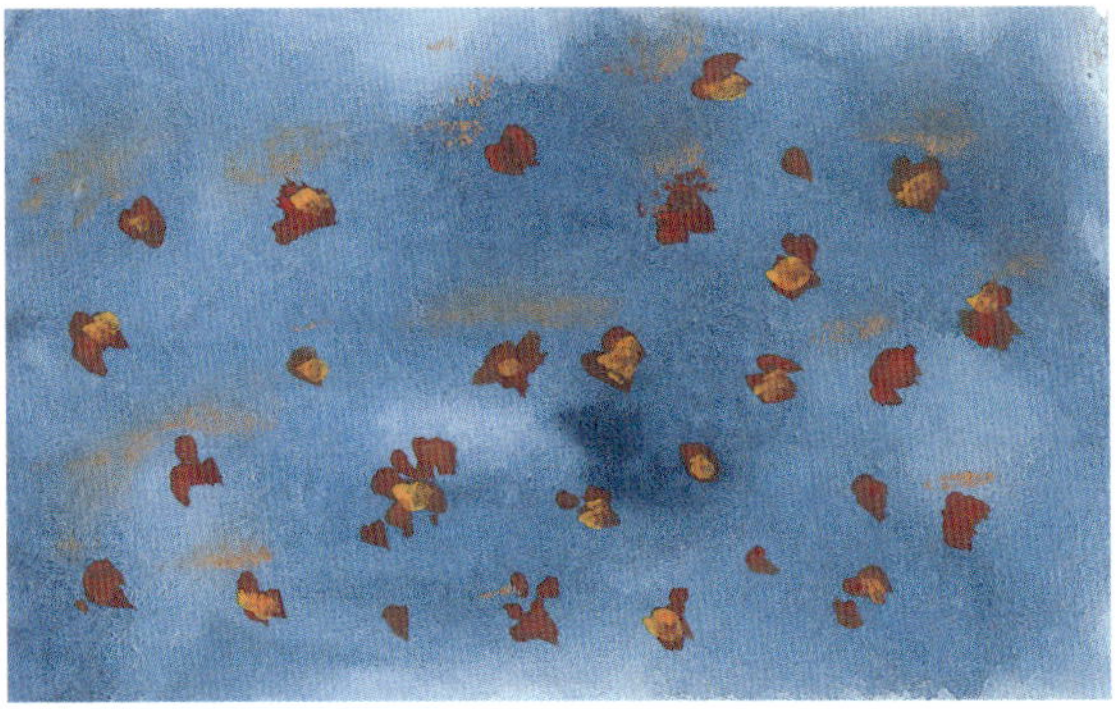

出されたではありませんか。私は、もうびっくりしました。
なぜなら、七日目の瞑想でゴーギャンのあの絵が浮かび上がったのです。これも突然のことで理由はわかりません。
宇宙の謎は、生命の起源にまで及んでいます。科学者ってすごいと思います。目に見えない世界を理論で、宇宙の〝はて〟のない条件から始まったというインフレーション理論を打ち立てられたのです。理論の正しさを証明するには、証拠が必要です。望遠鏡等の進歩によって明らかになりつつあるようですが、宇宙にはまだまだ謎がたくさんでわかっていることは少しだということでした。
自分の体も、原子や分子レベルで考えてみるとどうなるのでしょうか。

第一章で書いたサマッキー学校の子どもの問いが突然「なぜ、日本人は同じ日本人を殺すのですか。」というショッキングなものとして飛び出したのです。二十年間も心の奥底に沈んでいた核のようなものが目覚めたのかも知れません。私には、この問いに正確に解答できる用意は、まだありません。

しかし、瞑想を続けるうちに自分が変わってきたことに気づき始めています。心が清らかになると物の見え方や価値観が変わり、本質を見極めようと心がけるようになった気がしています。だから、あせりが消え、穏やかな気持ちで生活できるのかも知れません。そして、いつも優しい人でいたい、心をきれいにしたいと切なる願いを抱くようになり、ピュアな心に憧れます。まず、自分の心を清らかにし、人を思いやる心「心の水」を持ち合わせるならば人を傷つけたり壊したりできないはずです。

自分の幸せ、人の幸せ、世界中の人々が本当の幸せになることを願う心を持つならば、きっと、何かが、どこかが、変わるような気がします。そして、誰とでも垣根のない付き合いが、できるようになるのではないでしょうか。

今回の修行を振り返ると、今までと違った点、それは、瞑想が日常の中にあるということです。例えば、食べる時、ゆっくり味わうこと、歩く時ゆったりと歩くこと、この二つだけでも感じながら行う時を作るべきだと思いました。忙しかったりぼんやりしていると、すぐ忘れているのです。

夕方の瞑想時に使用した長いゴザを片付ける際、私は思いっきり「パーン！」と、ころがしたのです。それをご覧になった師匠は、すごい！とあきれ顔でした。それ以後、時間はかかっても動かないでくるくるとゴザを引っぱってまるめることにしたのです。本当に身についてないと無意識に行動にあらわれるものです。

この三点をとっても自己反省することばかり、どんな時も慌てることなく状況を見てゆっくり構えていればいいのだと自分のいたらなさを考えさせてくれる修行実践でした。

咳がひどい、声も全く出ないという中で瞑想には全部の日程に参加させていただきました。

その結果、瞑想することは、自分も人もよくなることを願うことにあるのだと理解させてくれた今回の修行でした。

二〇一五年　六月

昨年は、声が出なくなりお経を唱えることができなかったので今回は、家でお経を唱える練習をしてきました。タモ寺院での瞑想修行者は一人でした。昼は、広い本堂の中をゆっくりと足の動きを感じながら歩く瞑想に励むことができ、比較的落ち着いて集中できたと思っています。

瞑想中、心の闇にまで分けいって見えるものがありました。心の中は、何層にも深くなっているものなのでしょうか。心って〝何〟と問わざるを得ません。いつものように三時に起きて四十五分に本堂に向かい、瞑想、読経、五時半から六時十五分位までひとりで本堂の掃除をします。あまりに午後は暑いので、外の清掃は休むことにしました。夜は、大きく見える金星を見て瞑想の始まりです。

今回は、ひとりになることの大切さを教えていただいたような気がします。ただ、無心になって瞑想すると穏やかになり、頭がクリーンになった気がするのです。ここ何年か続けてきた瞑想修行に私は、初めて、本格的に瞑想に取り組む時がきたことを感じました。自分の身体と心を観るにはサティ（気づき）の技術習得が不可欠であることに気づいたのです。

礼儀正しい生きものたち

三本足の犬　毎晩　扉の前で見張り番をする。でも四日間位。
ここの虫たちは　ただものではない。
毎年姿を見せる　蜘蛛
「ここにいるぞ。」とこれみよがしに入口の網戸に張りついて
ヤモリは　チョロチョロと出てきてご挨拶
トッケーは
姿は見せないがトッケーぇ　トッケーぇと鳴いてみせる。いい声。
蜂は　十四才の男の子の肩を刺した。痛そう。私も二年前指を刺された。
蚊は　羽音もたてないで　いきなりチクリ。顔、唇、手首、足首を。
蚊よけリング、虫よけパッチ、虫よけムシペール、虫よけウォーターティッシュ　そんなもの役に立たない。全くまいってしまう。
蟻
どこでもおかまいなし、トイレに長くいるとおしりもチクリ。
こんな風に
タモ寺院の生きものたちは私に挨拶にやってくる。

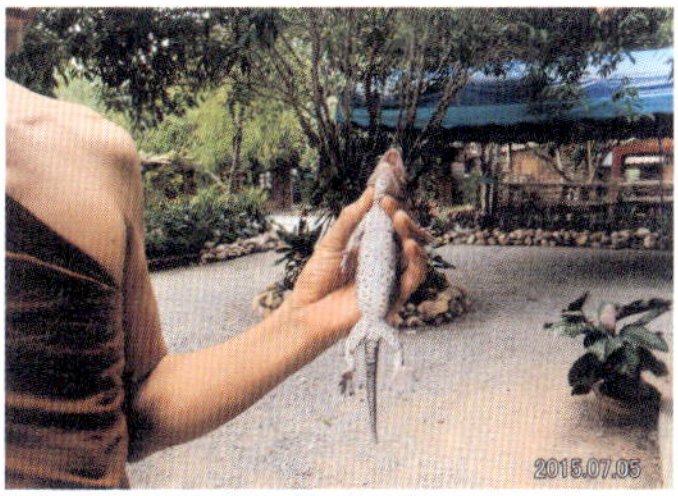

ついに見た　触った　トッケー

トカゲ目ヤモリ科の爬虫類の総称。俗称トッケイ。

タイ人は、トッケーといっただけで怖がるので、どんなものかずうっと見たいと思っていました。今まで部屋の隙間でちらりと見たことはあっても、全体を知らなかったのです。二十年目にしてトッケーの全貌を見、触ることができました。こちらの雲水さんが捕えて来て下さったのです。指趾の下面は吸盤様になっていて爪に吸いつかせてもパッと離れるし、お腹は、やわらかく褐色（オレンジ）の斑がありました。確かに大きな口を開けると舌の先が赤く初めて見ると恐いかも知れません。期待と違って私は、かわいいなあと思ってしまいました。

こんな生きものも一緒に住（棲）んでいるのです。

風鐸（1）

茣蓙《ござ》に　座る
目をとじる
風が　吹く
風鐸の音色は勢いを増す
音色を競いあうように

風が吹く
夏の夕べ
まるで
ゆりかごの中に
いるようだ

風の競演（2）

鈴が歌い出す
チリチリチリーン
チリン　チリン
風も歌い出す
ビィーン　ビィーン
タタタタ………
チリチリチリ………
チリリーン　チリリーン
いっしょに静かになる

ありがとう、ガードマン

今回は、いつもの家屋に一人、周囲に人がいないので十四才と七才の男の子二人が夜だけ二階に泊まり、ガードマン役を引き受けてくれていました。

少年はなんと、バイクに七才の男の子を乗せて、村から山に登ってきたのです。二日目、私が暗い道を懐中電灯の灯りで部屋に戻るのに気づいたのか、瞑想が終わる午後八時半に待っていてくれて、「バイクに乗って」というのです。遠慮する私のそばをゆっくり走ってくれました。近道の階段のところで七才の子に私をエスコートするように指示をし、自分はバイクで先まわりをして待っているのです。ちょっとした心遣い、優しさに嬉しくなります。

いつも朝は、私が瞑想に行っている間に帰るのですが六時半まで待っていて、蜂のいることを知らせ、遠まわりをして部屋に入るよう教えてくれました。黒い固まりはよく見ると蜂の巣でした。「気をつけて。」といってバイクに乗って帰って行きました。なんと親切な子どもたちでしょう。二日後、巣を取ってくれたのです。もう、ここを通っても大丈夫だと嬉しそうでした。

森との出会い

都会に住み慣れ便利な社会に身を置く私には、タモ寺院の森で過ごす日々は、生き方を見つめさせる修行の場となりました。

初めて訪れた時、住職は「自然を愛でるだけでなく自分の中にある自然を知る」ことの大切さ、「自然はすぐれたダンマ（真理）である。」と話をして下さいました。この言葉はずうっと心に残っています。

ここの森での日記に（私は静かな音のない世界を味わった。じっと居るだけで心の中が静かに癒されている不思議な世界だった。2008年）と。今振り返ると色々な音や声を聞いているのに、なぜ音の無い世界だったのか不思議な気がするのです。ここの森には、きっと何かある、不思議なものが存在すると思うようになりました。涼やかな鈴の音色、石の床と足の裏の差は一センチメートル位の狭い空間なのにさわやかな風が流れていくのです。ここの森の風は透明感のあるやさしい風なのです。

タモ寺院に到着するといつも風が一番に迎えてくれるので思いっきり深呼吸をします。すると澄んだ空気が香料のようでこの時私の感覚器官が全開します。風は森の樹々を揺らし枯葉を運び、空の雲に乗り、消えていくある瞬間に私と出会う気がするのです。

2008/10/25

森とサンガ（僧集団）に守られて育つ僧院

日本は山国で至るところに森が存在し、鎮守の杜もあります。心が清められるような森と出会ったこともありました。しかし、ここタモ寺院の森は、一つの雰囲気を持っているのです。柔らかく静かで自然のままの木立ち、枯葉は舞い落ち、青葉は繁り、虫たちは生き生きと活動し、それぞれの営みが永々と続けられています。珍しい蝶が洗濯物を干している手の甲の上に止まってじっとしていたり、地面の小石に数匹の蝶が止まっていたりもします。猫も鳥もお互いに交流し合っているようにさえ感じるのです。そして、他者を拒まないで人を受け入れてくれるのです。このあるがままの自然体が好きなのです。どんなに暗闇でも恐さを感じさせない、ただ静まり返り、夜の番をしてくれている森なのです。見上げる夜空には、大きな星が瞬いています。

昼間に散歩してみると至る所に小径があり砂地に草が生い茂り歩いたところは茶色の土が続き岩がゴロゴロしています。点在する瞑想の小屋や大きな石仏もあります。本堂の周りだけは花壇や水生植物を育てる池、掃き清められた美しい寺という雰囲気も見られます。こうした全てのものを包

む森こそ自然の宝庫であり瞑想の場にふさわしい所なのです。私にとっては、「生きる」ことの本質を教えてくれる道場のようなものです。ここに佇むだけで私は静かな心になり森の空気の中で幸せな時を過ごせるのですから。そういう気を放っているのは、日々厳しい修行を積まれている僧侶（サンガ）の力なのかも知れません。

また、ある日、大福和尚が印象深い話をして下さいました。

ここの森は、およそ百年ほど前、カレン族の人たちによって造成された特別なところだそうです。タイ北部の人なら誰でもその名を知っている高僧、シーウィチャイ師が、この場所を聖地として寺院を建てるように告げ、それに応じた多くの人が山の斜面に石積みをし、土を運んで平地を作り、そこに出家修行僧が集う森の僧院を建てられたそうです。

だから森の力だけでなくカレン族のひとりひとりの信仰心の想いがいい方向に持っていくのだと。私は頷きながら、遠い村から歩いて来て、石を運び一つ一つ積み上げて広場を造っていく作業の大へんさを想像してみました。片手に子どもを抱いて片手に石を持った母親も中にはいたに違いないとも思いました。だからこそ、この森は温かく人を受け入れ包むような力を持っているのだと思うのです。

想いという言葉が離れませんでした。私は石積みを見るために歩いてみました。今は苔むしていますが森を守り育てていく人々の願いは、今も続いていて訪れるたびに何か新しいものが出来、働く人の姿が見られます。

今年、カレン族の木の葉で出来た家を訪れた時、お母さんが息子がタモ寺院で働いているのだと嬉しそうに笑顔で話してくれました。村の人のみんなの願いが至るところでよい気を森の中に醸し出していることでしょう。更に私は、カレン族の信仰心の他に僧侶の読経をあげたいのです。どんな時も絶えることのない朝夕の読経の声が森の中に木霊として美しい響きを残し森を包んでいるような気がしてなりません。そして、厳しい二二七の戒律のもとブッダの教えを守る出家僧、瞑想修行を続けられる僧侶の方々の心がひびき合い、森に足を踏み入れた途端何か違う雰囲気（私の師匠はここを異界という言葉で使われました）を感じさせるのだと思います。そういう森を育てる人々、僧侶と村人の関係が美しいものとしていつまでも続いていくことを願わずにはいられません。

木の葉の屋根

托鉢―僧侶と在家の共有する世界―

タイへ旅をすると早朝、黄褐色の衣を着た僧侶が托鉢に歩かれている姿を目にすることがあります。観光客にとっては、大変珍しく異国情緒に誘われ写真を撮りたくなるのです。以前、ネーンと呼ばれる少年僧があまりにかわいらしくて、友だちと二人で後を追ったことがありました。また、水上生活者の家に宿泊した時、川をボートで漕ぎながら、托鉢をされている場面に出会いました。家の人は、川で水あびをして髪をすき、着替え、供物を持って石の段の下で僧侶の到着を待つのです。舟が着くと手を合わせ恭しく供物を渡し合掌されます。すがすがしさに見とれていると僧侶は何ごともなかったかのように、舟を漕ぎ姿が見えなくなっていました。部屋に戻ると私たちの食事が始まり一日のスタートを気持ちよく迎えることが出来るのです。一日の始まりの儀式のようにも見えました。こんな訳で、私は托鉢という言葉にいい印象を持っていました。

ここのタモ寺院に来て、托鉢のイメージが少し変わったのです。村の人の好意をいただくという感謝の気持ちです。

朝六時に僧侶の方々は、いくつかの方向に分かれて托鉢に出られ七時四

○分頃に寺に戻られます。そして、食堂《じきどう》で鉢の中の供物を全部空になるよう茣蓙《ござ》の敷物の上で種類ごとに丁寧に盆に盛り、住職さんの前に寺の人が運びます。モチ米、タイ米、蒸し物、煮物、揚げ物、果物、菓子、寺の台所で造られたスープ類、生野菜などが並びます。動物性の物は一切なく菜食の食べ物ばかりです。村の人もそのことをわかっていて食事を供養されているのです。

一度だけ、薄焼き卵でモチ米を包みバナナの皮でまいたものがあり、それは尼さんが「お坊さんは食べられないからね。」といって私にくださったことがありました。食事の順番は作法に従って、住職、僧侶、修行者と順送りに食べ物が来るので自分が食べられるだけを鉢に入れ次に送ります。

全部行き渡ったところで経を唱え三拝をしていただくのです。食べ物をいただくという感謝の念が自然とわいてきます。

女性は、托鉢には行けません。でも、私自身が、托鉢から帰ってこられるところで大福和尚の鉢の中に供物を差し上げる体験を尼さんの計らいでさせていただいたことがあります。跪き合掌し僧侶の経を聞きました。それは無心になれた瞬間でした。

私は一度でいい、托鉢について行きたいという願いを持っていました。

その願いが叶う日がやってきたのです。瞑想修行の最終日の朝、カメラマンとして離れて歩くという条件付きでした。

季節は乾季。早朝、まだ空は薄暗く、空気は澄んでひんやりとしている。道の両側には、高く伸びた樹木、時折スピードを出して車が往来する。空がだんだんと白みピンクの空に変わり朝靄がたちこめ幻想的な世界を黄褐色の衣に身を包んだ僧侶は背筋をピンと伸ばし無言のままひたすら裸足で歩かれるのです。

村に入ると供物を持ち靴を脱ぎ、僧侶の前で跪き手を合わせる村人、僧侶は鉢に物をいただき経を唱え、次へと進まれるのです。日常的なことなのに私には、祈りの心が結ぶ一瞬の空気を震わせる緊張感を味わったのです。小さな子ども、髪を整えすっきりと身支度をした女性、男性、おばあさん、皆はき物を脱ぎ僧侶の前に跪き合掌しながら経に耳を傾けられる姿は美しく、カメラマンとしての私でさえも至福の時を感じさせられるものでした。一軒一軒の供物は違うけれども僧侶に対する尊敬の念、村の人の幸せを願う僧侶の心とがお互いの心の中で祈りとしてよいものを創り出しているような気がしてならないのです。朝靄の中、往復五、六㎞の道程を毎日歩かれるのです。時折、僧侶の衣を風がふくらませます。

食事は、こうしていただいたものを一回食として私達もいただくのです。

朝夕、経本を唱える中に、托鉢食について、次のような経文があります。（パーリ教本、日本語訳から）

（如理（正しく根本的に）この托鉢食を省察し、それに従って食します。

戯れのためでなく
おごり高ぶりのためでなく
虚飾のためでなく
見栄のためでなく
ただこの身を支え飢えなどの苦痛をなくし
ひたすらにこの仏道修行を歩むためだけに食します。
これにより、これまでの飢えによる苦痛は静まり
新たに苦痛が生じることはなく
私の修行生活は災いのない、安らかなものとなるでしょう。）と。

ここに僧侶と在家の人々の共有する世界があるように思います。

これから

二〇一五年の瞑想の折、これから本格的な瞑想実践が始まるのだと気付かされました。恵まれた環境で瞑想修行に励んでみて、瞑想の素晴らしさに目覚めたのです。でも、それは出家僧の修行の場でのことです。在家者としての瞑想のあり方、特に個人としてどのように取り組むべきか、これからの私自身の課題です。

瞑想をするようになって、なぜか物事を考える際には、基礎となる基点言い換えれば物事の始まりから考えることの大切さを教えられた気がします。二五〇〇年前から続いているブッダの瞑想を続けていくためには、ブッダの教えを学ぶこと、そして、ヴィパッサナー瞑想を続けていくことしかないように思います。タモ寺院で教えていただいた瞑想法を続けながら「今を気づく心」が日常生活の中で自然に出来るように日々実践しようと考えています。

財も家も捨て修行されている出家僧は二二七の戒律を守られています。在家者も守るべき五戒があります。それは、一、不殺生（生きものを殺さない）二、不盗（盗まない）三、不淫（不倫をしない）四、不妄語（嘘をつかない）五、不飲酒（酒や麻薬など酩酊させるものを摂らない）です。

確かに瞑想体験の折、教えていただきましたが、あまり気に留めていませんでした。しかし、修行に当たっては、基本に置くべきことなのです。心しておこうと思います。瞑想するには、タモ寺院の森のような静寂なところが必要なのだと私は考えています。東京では、考えられない程慌ただしい生活に埋没してしまいます。けれども私には、目を閉じるとタモ寺院の森のような静寂な落ち着いた空間を作ることができます。それは、毎日一時間の瞑想の場を確保すればいいのです。静かな夜、テレビを消し、電話や携帯をとめ、小さな灯だけで自分と向き合う部屋を決める。それだけでいいのだと考えつきました。独りになるとつい本がおもしろいからなどいい訳をしがちですが、一定の決まった時間、瞑想室に入り、ただ、瞑想に集中すること、これを続けることがナイトスタンドブティストというのでしょうか。もしそうであれば、ナイトスタンドブティストの自覚のもとに心が浄らかになるための実践を続けてみるつもりです。

あとがき

どうしてこの本が生まれてきたのか今考えると不思議なことばかりです。タイと関わる子どもを担任した時、タイのことを知りたいと考えていた私は、市報に「タイ語を教えます。」の記事を見つけました。これがタイとの交流の始まりだったのです。タイ語教室は、タイから一時帰国の方が四ヶ月開校。この時のタイ語の先生こそ今は、私の瞑想の師匠である、大福和尚（法名　マハープンニョー、俗名　落合隆）なのです。サポート役は、大学の留学生。卒業後は、日本とタイを結ぶガイド。タイ語修了から五年後、ガイドの案内で家族や友人とタモ寺院へ立ち寄り、タイ語の先生と再会し、僧侶の日常を垣間見たのでした。

その後、毎年タイの各地を訪れタイ人のやさしさに触れ、鋭気を養ってきました。タイ語は上達しませんがタイと日本の文化を知る貴重な体験を重ねることができました。十才未満の子どもが七人位いたでしょうか、僧侶に教えを受ける場面に出会ったことがあります。早朝の勉強（音読の声で目を覚ました程）や朝夕の読経、私も夜の読経に参加してみました。どのページを唱えているのかわからずにいると、そっと振り返り指で教えてくれました。遊びで訪れたタモ寺院の別れの日、女の子が花の首飾りを作っ

幼い少女がお別れにとつくってくれた首飾り

てかけてくれたのです。さり気ない気遣いは色々なところで見られました。小さい子どもの頃から人を思いやる心は、僧侶を大切にしてきた仏教国タイの文化にあるのかも知れません。大福和尚の綿密でさり気ない心配りには、感謝以外にありません。瞑想修行は自己鍛錬のようなものですが、色々な方の支えや励ましがあってこそ続けられます。いつも目には見えない温かい心の繋がりを感じるのです。

銀の鈴社との出会いもまた不思議なものでした。一冊の詩集を手にした時、おやっ、タモ寺院のすずやかな音色《ひびき》が聞こえると思い奥付けを見るとなんと銀の鈴社です。きっと誰かが銀の鈴を震わせたのでしょう。

瞑想は自分を知りたいと始めたのに自分というものは存在しないのです。私はこれからも瞑想実践を続けていきます。長年に渡りご指導くださった師匠マハープンニョーに心から厚くお礼申し上げます。また、貴重な体験の場を与えて下さったプラ・ノッパドーン・シリワッタノータモ寺院の心広き住職に厚くお礼申し上げます。出版社の社長西野真由美氏、編集長の柴崎俊子氏には大変お世話になりました。深くお礼申し上げます。

二〇一五年十月

著者略歴

木下逸枝（きのしたいつえ）

1942年　福岡県大牟田市生まれ

福岡学芸大学卒業後、37年間小学校勤務

東京都西東京市在住

北海道教育大学釧路校非常勤講師「学習指導と学校図書館」

著書に『乳幼児の成長発達と絵本― 0歳から3歳を迎えるまで ―』

高文堂出版

Wat Phrabhudabat-tamoa T, Pongtung A, Doitao
C, Chiangmai 50260 THAILAND

瞑想修行（年に１回）をするタモ寺院の住所

NDC914
神奈川　銀の鈴社　2015
128頁　18.8cm（心の水　思いやり―タイでの瞑想修行―）

銀鈴叢書　ライフデザイン・シリーズ　　2015年12月1日発行
定価：本体価格2,800円＋税

心の水 思いやり
―タイでの瞑想修行―

著　　者　　木下逸枝©
発 行 者　　柴崎聡・西野真由美
編集発行　　㈱銀の鈴社 TEL 0467-61-1930　FAX 0467-61-1931
〒248-0005　神奈川県鎌倉市雪ノ下3-8-33
http://www.ginsuzu.com
E-mail info@ginsuzu.com

ISBN978-4-87786-527-6 C0095
落丁・乱丁本はお取り替え致します

印　刷　電算印刷
製　本　渋谷文泉閣

『心の水』について

本文内において、左記の誤りがありました。
お詫びして訂正いたします。

銀の鈴社　編集部

P70・13行　誤 〜諸法我は、 → 正 〜諸法無我は、

P78・10行　正 〜来たとしか思えない

P100・3行／P123・4行　誤 パーリ教本 → 正 〜パーリ経本

P100・9行　正 〜集中できますように

P126・6行／P127・13行　誤 マハープンニョー〜 → 正 マハープンニョー師〜